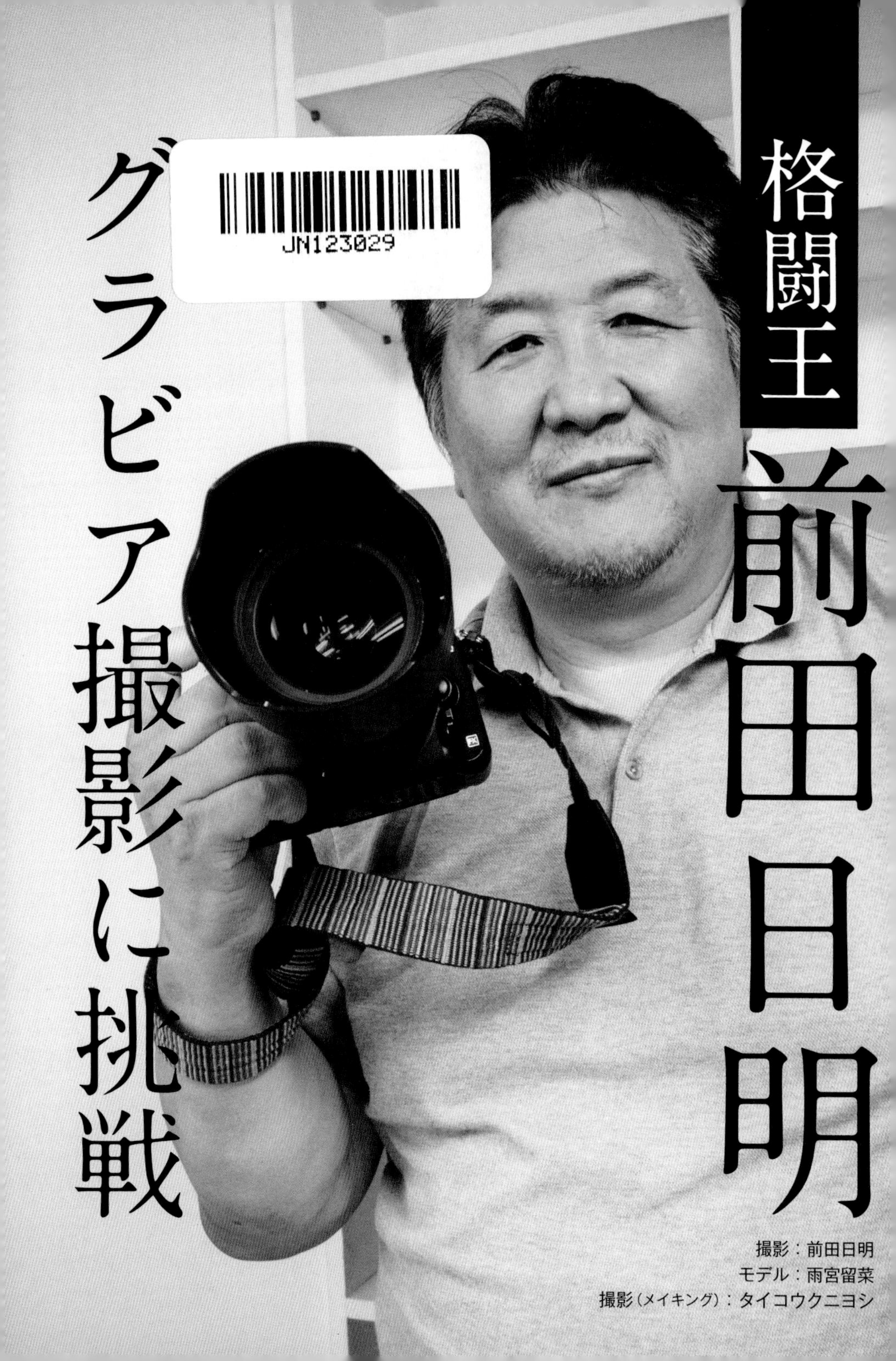

格闘王 前田日明

グラビア撮影に挑戦

撮影：前田日明
モデル：雨宮留菜
撮影（メイキング）：タイコウクニヨシ

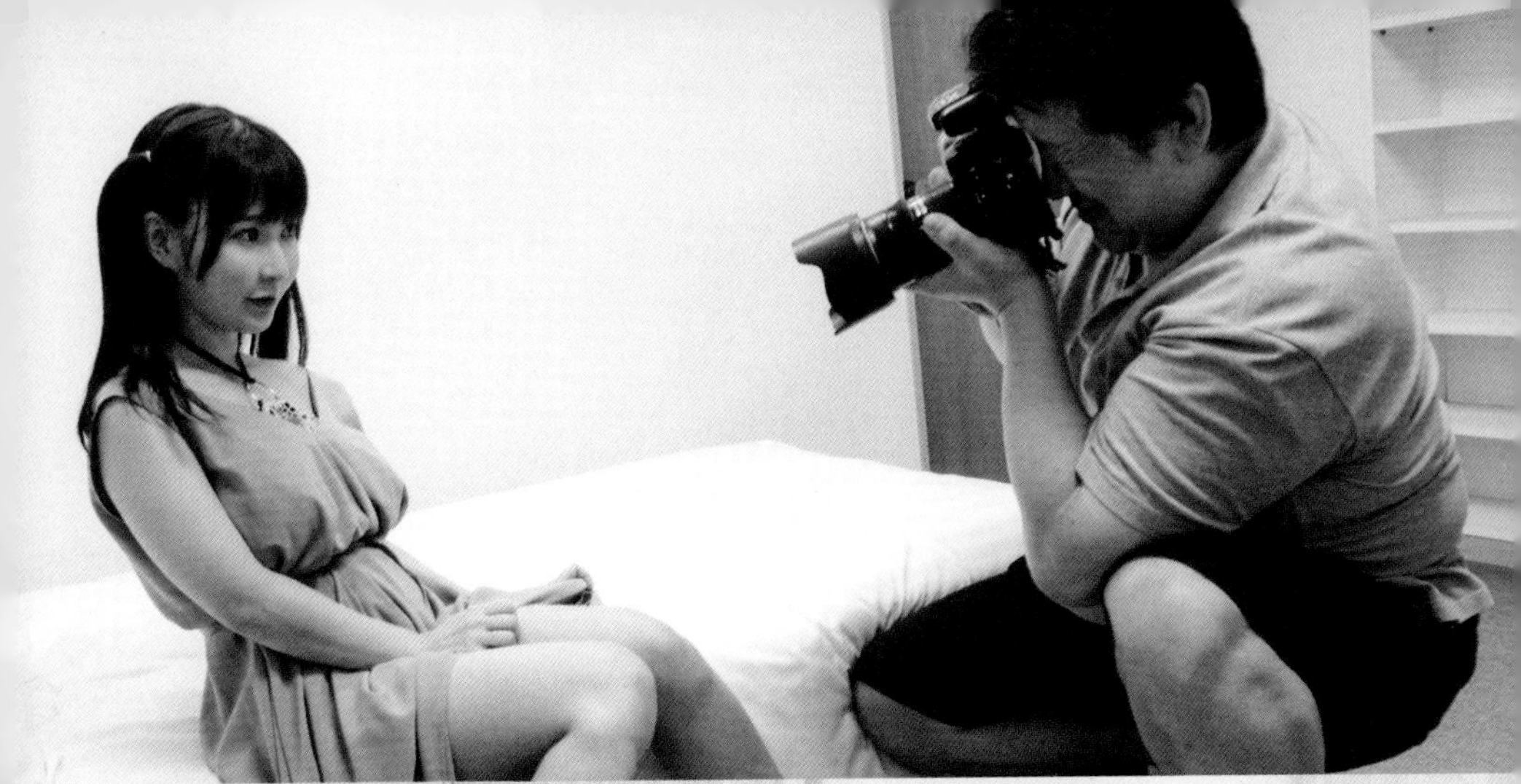
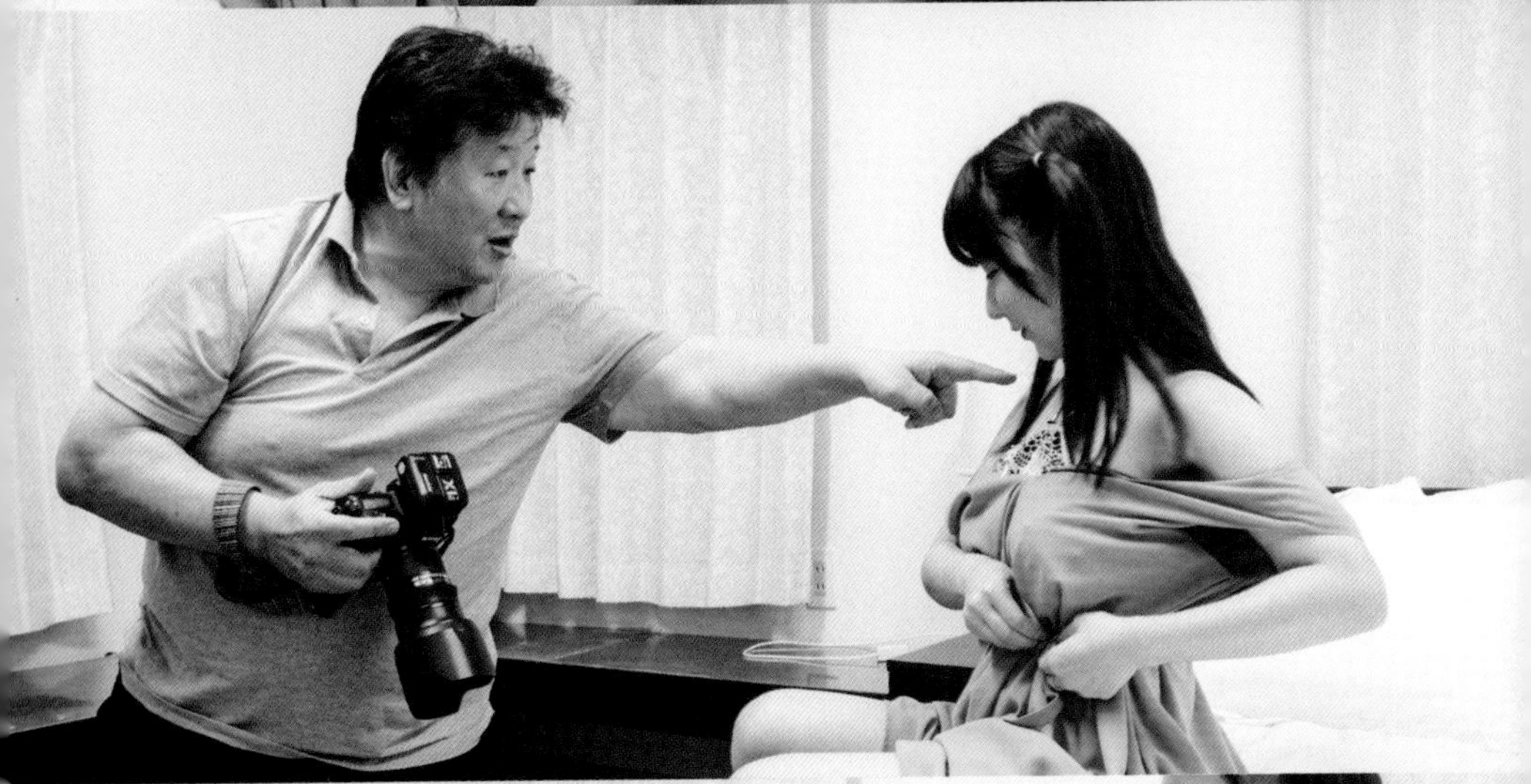
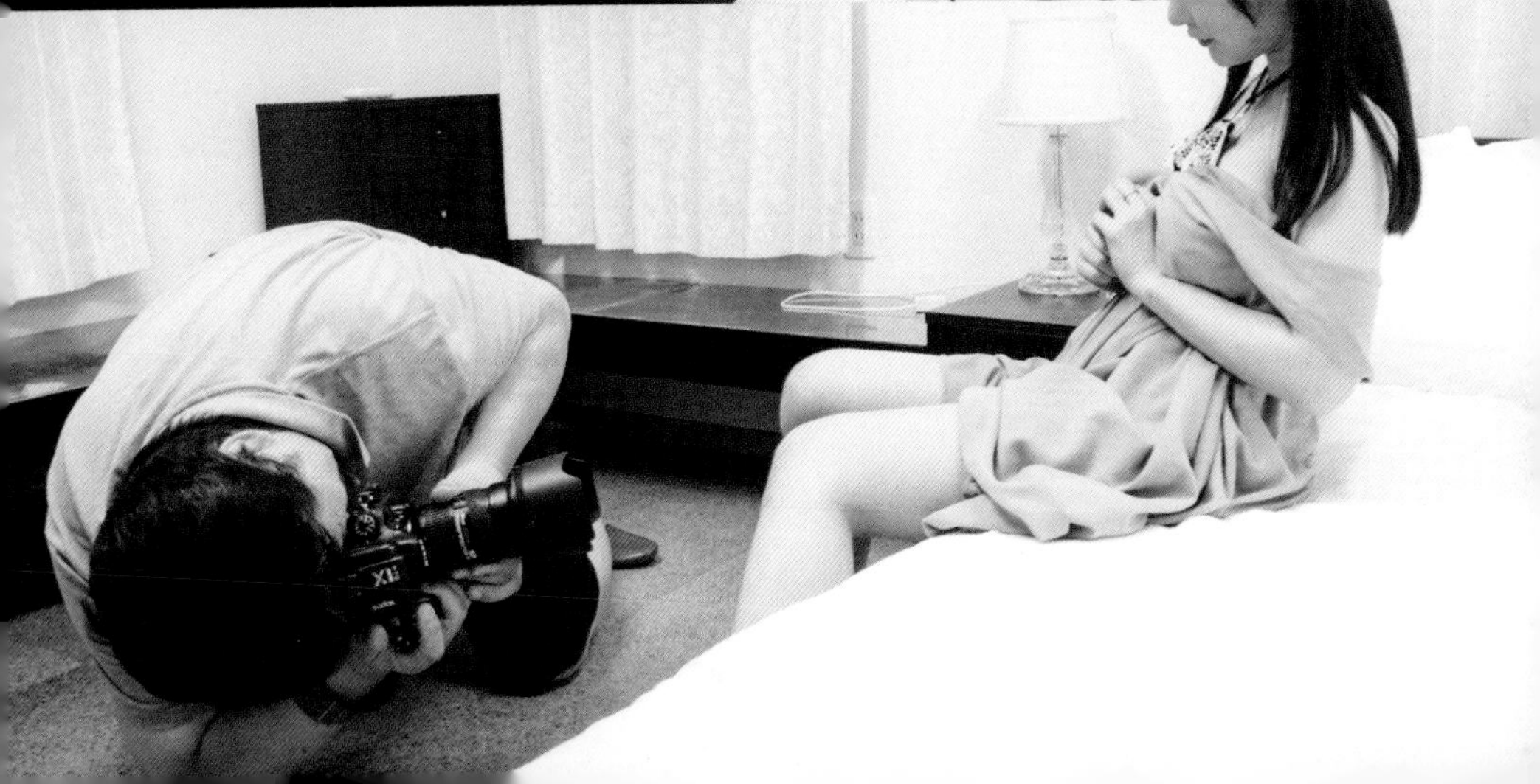

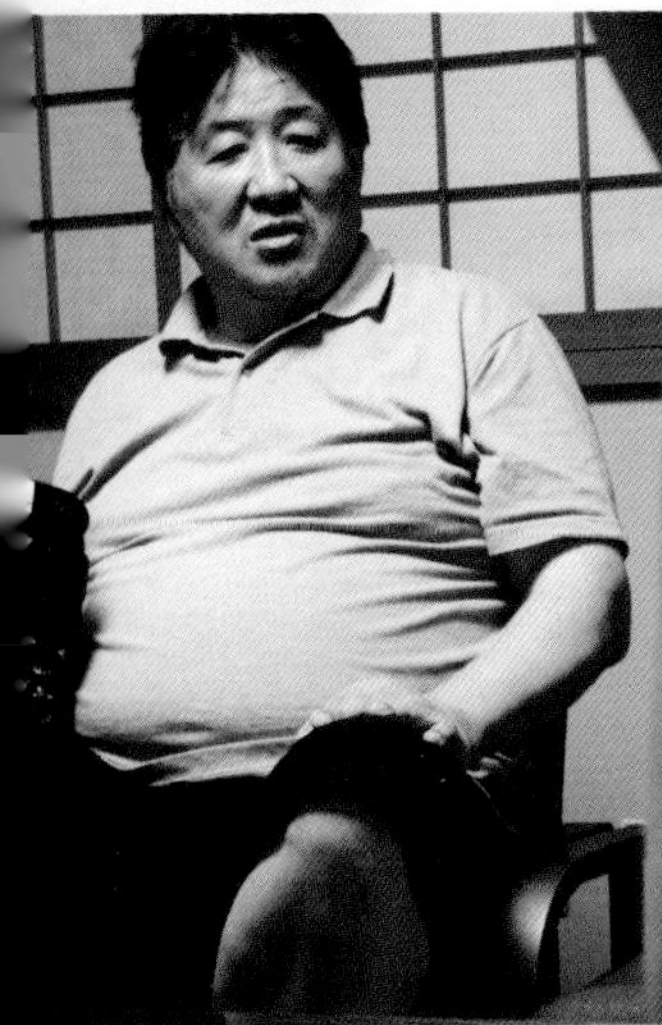

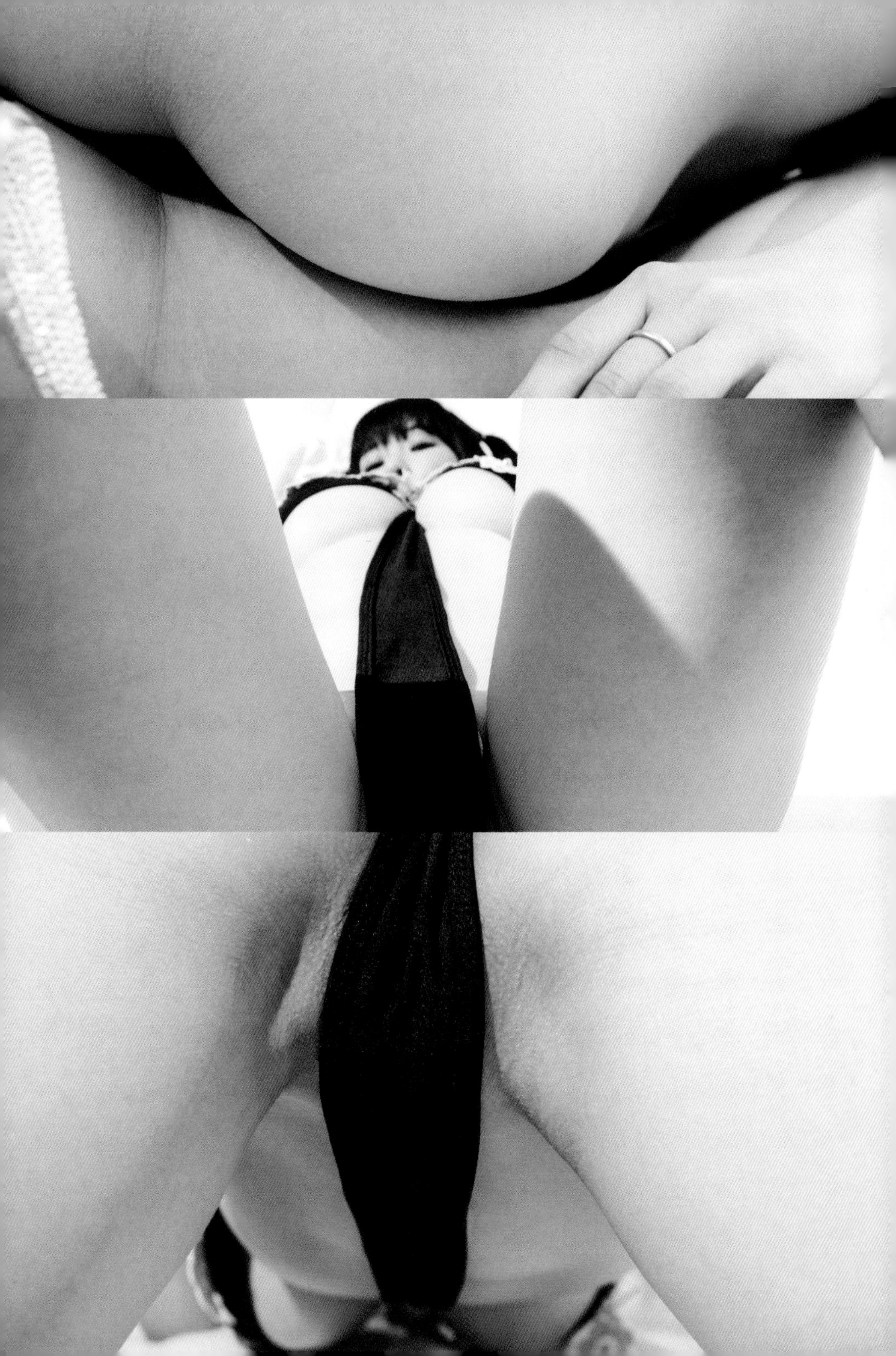

恒例のボールペンチェック！

前田日明 **Twitter：@AkiraMaedaWORLD**

リングス CEO。総合格闘技大会「THE OUTSIDER」プロデューサー。

3月1日(日)13:00～
吠える総帥 シリーズ3 デビュー35周年 SPECIAL EDITION
格闘王降臨 黒のカリスマと何を語る！？
蝶野正洋×前田日明 トークバトル　会場：青山 LA COLLEZIONE

4月19日(日)15:00～
第2回「山ちゃんがやっちゃった」～燃えろ俺たちの UWF ～
出演：前田日明、山崎一夫　会場：ホテル・ラポール千寿閣

雨宮留菜 **Twitter：@amemiyaluna**

B97（Iカップ）W60 H83　ニックネーム：るなしゅん、大聖母

FC（ファンクラブ）
https://fanicon.net/fancommunities/1124

Instagram
https://www.instagram.com/amemiyaluna/

Blog
https://ameblo.jp/amemiyaluna-miya/

お尻

中１のとき同じクラスの野崎に聞いた。

「野崎おめえ女のおっぱい好き？」

野崎は「好き」と言った。

「じゃあ女のお尻は？」と聞いた。

野崎は「普通」と言った。

ハチミツ二郎　談

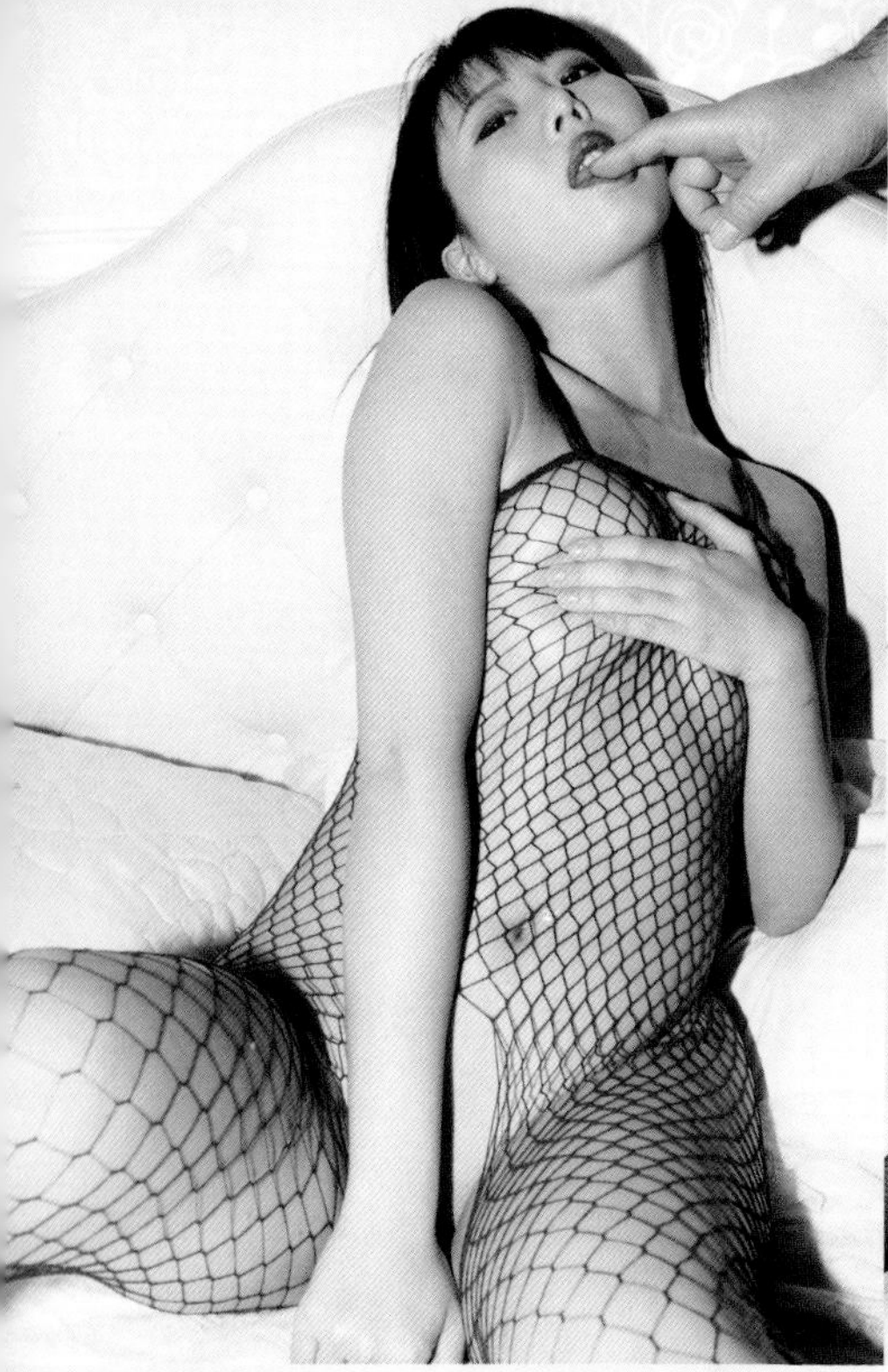

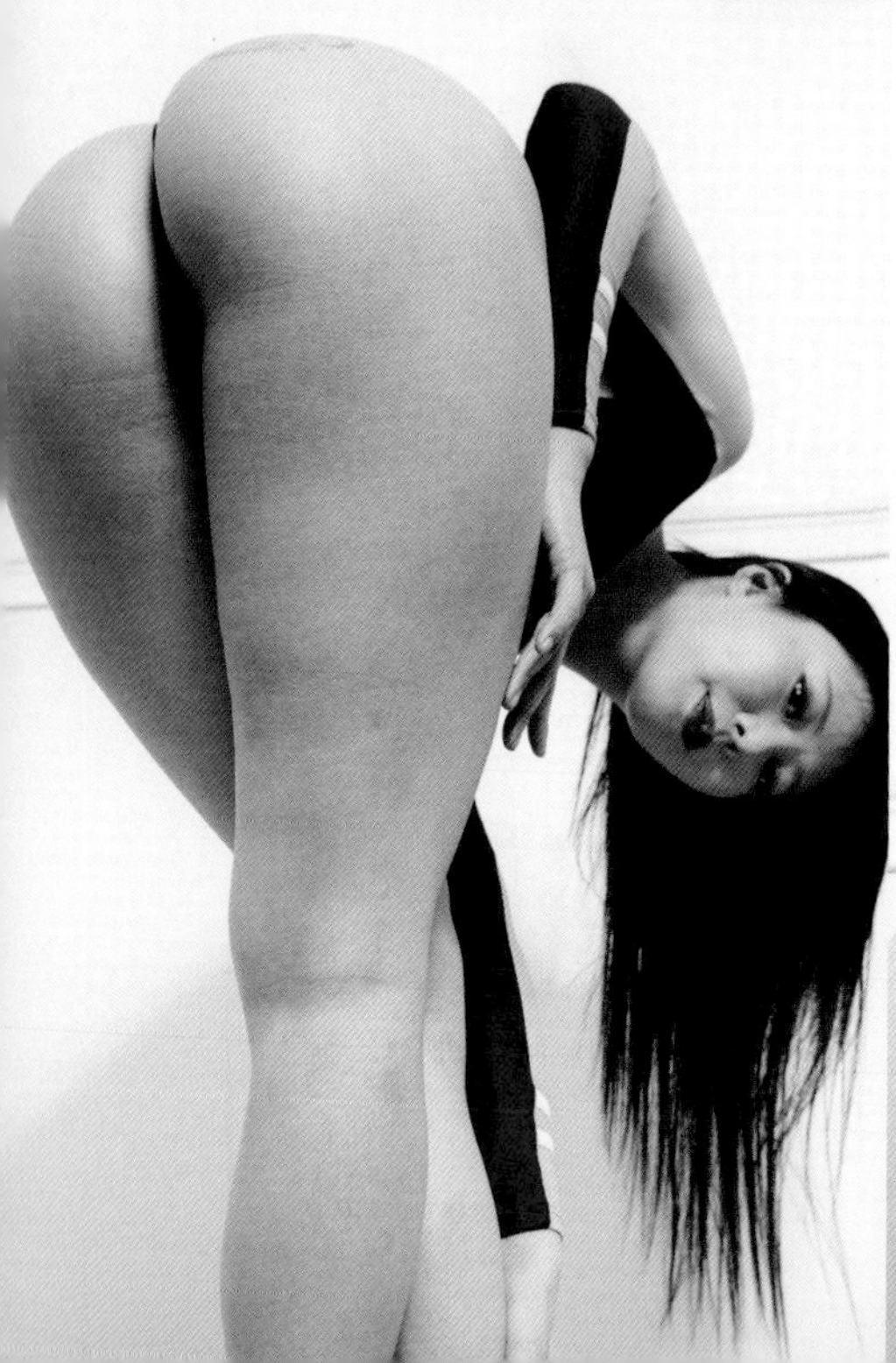

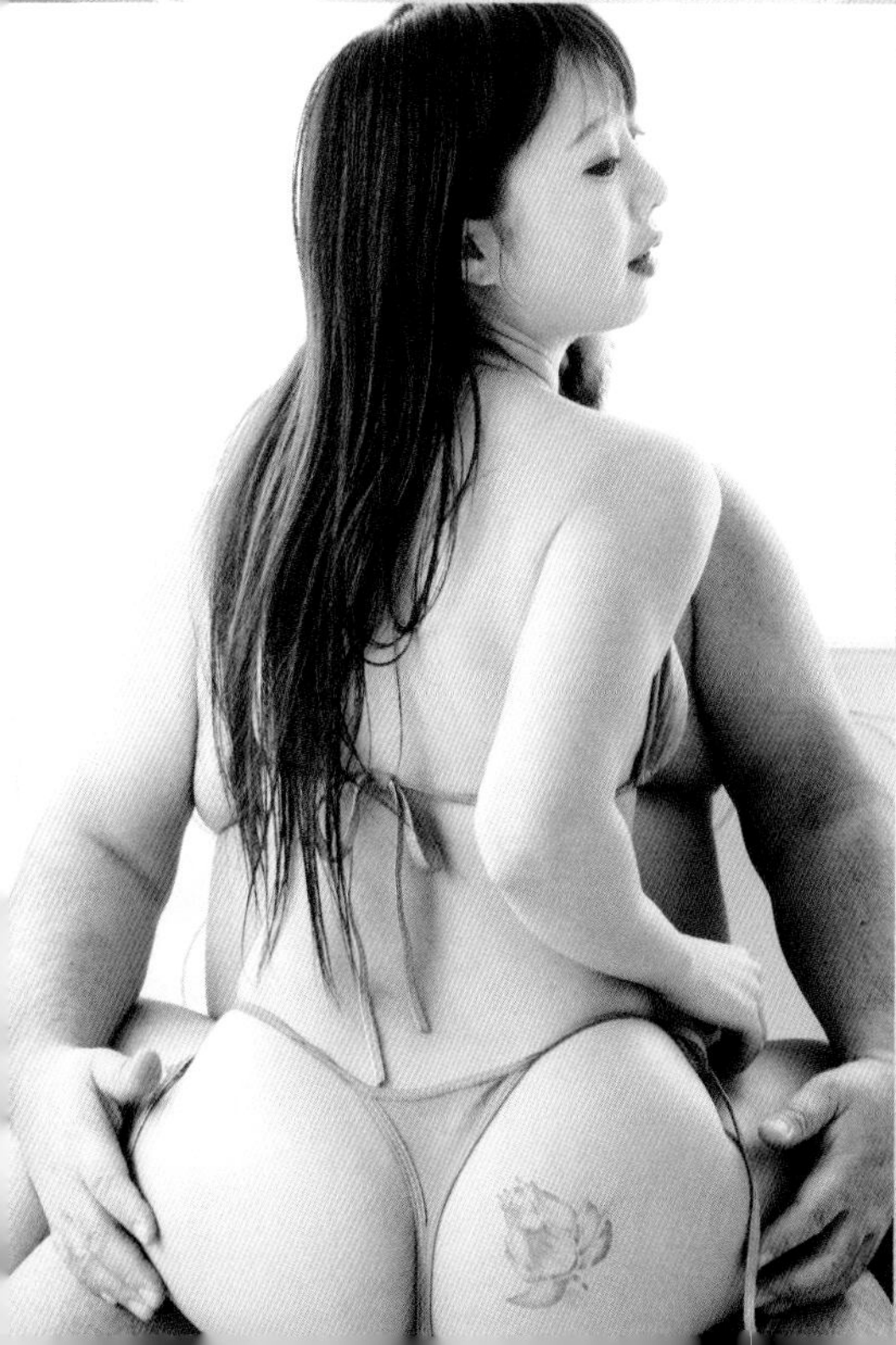
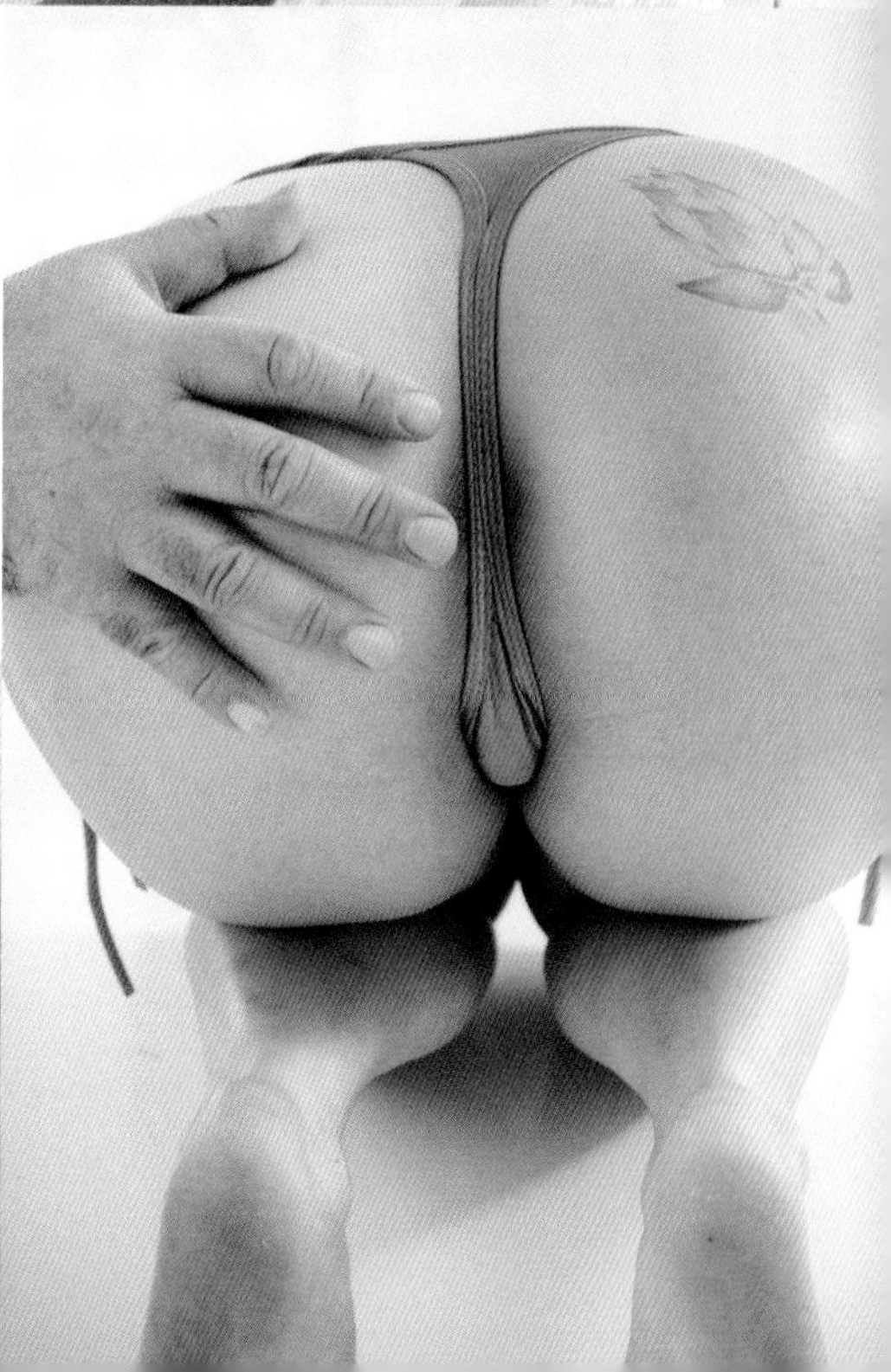

杏ちゃむ **Twitter：@xannxtx**

信州ガールズプロレス／戦うグラビアアイドル

オフィシャルサイト：https://ancham.fensi.plus/

山岸逢花 **Twitter：@aikayamagishi**

Instagram：instagram.com/aikayamagishi/

Official Site
premium-beauty.com/actress/detail/1039921

みおり100%

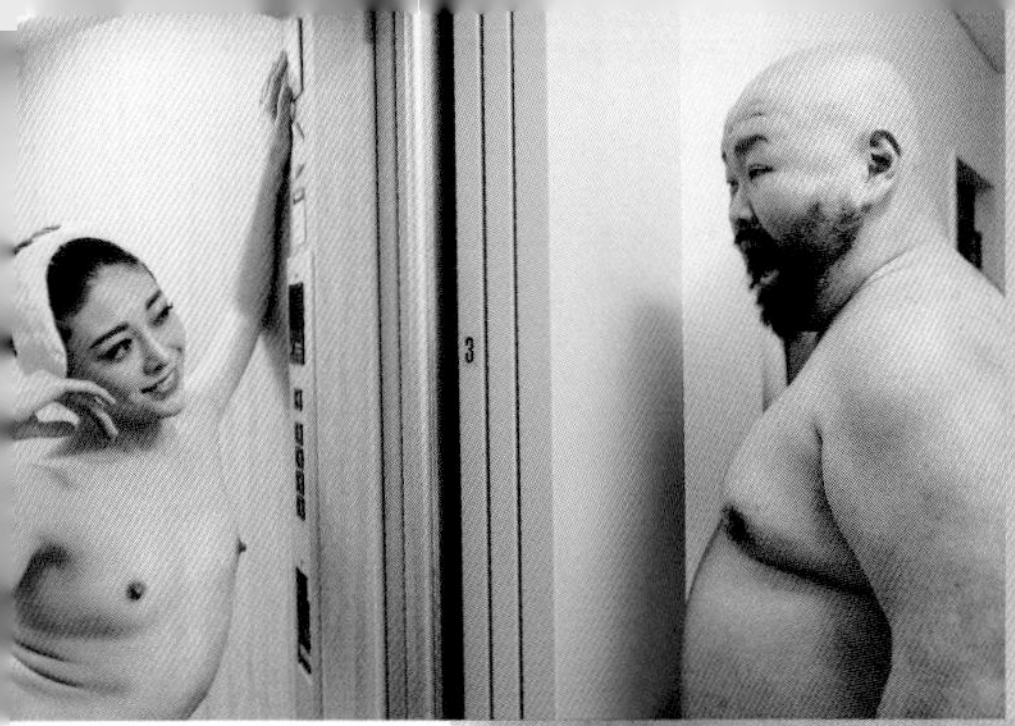

もしも…こんなエレベーターがあったら…

心配してください
履いてませんよ！

みおり200%〜300%へ。

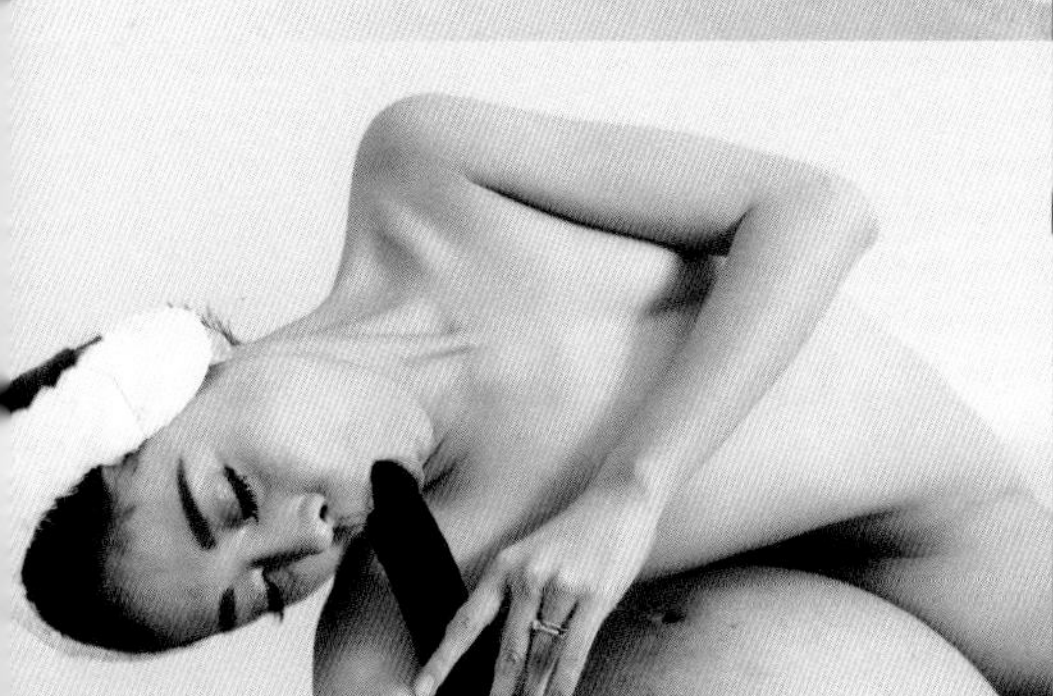
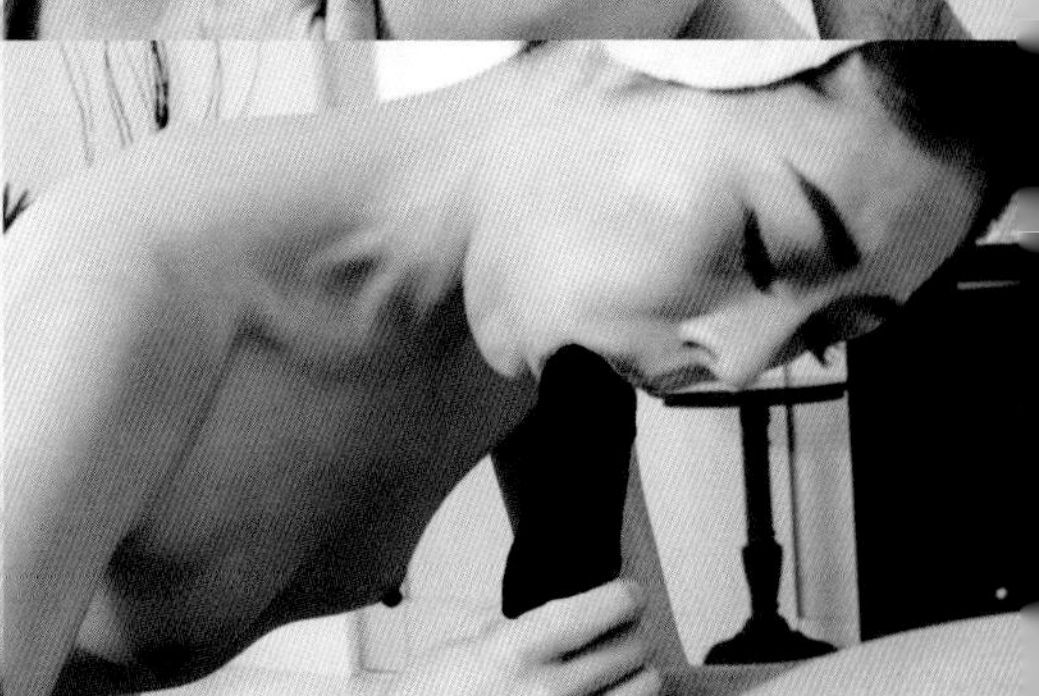

新羽田国際空港

みおり舞 Twitter【@MioriMai】 3月11日～20日 川崎ロック座で周年興行を開催

関西元地下アイドルの絶対エース

初ヌード

福井柑奈
Twitter：@kannyan33

酒と女とパンクロック

ハチミツ二郎×アツシ（ニューロティカ）

♥パンクロッカーはモテるのか？

ニ：読者でミュージシャンになろうとしてる奴もいると思うんで、まずは「パンクロッカーはモテるのか？」というのを訊きたいんですけど。

ア：はい。

ニ：俺が岡山から出てきて代々木の風呂なし六畳一間のアパートに住んでた頃によく旧新宿LOFTに観に行ってたんですけど、ライブが終わって入口の所でファンの女の子が続々とあっちゃんにハグしに並んでいるのを見て。

ア：嘘？　あれ見てたの？

ニ：17歳ぐらいの時にそれを見て。

ア：ライブが終わるとそのまま打ち上げをLOFTでやるんですよ。で、当時は遊びに来た奴とかもみんなタダなの。全部事務所持ちで。25時ぐらいになると事務所の人がみんな帰るんだけど、帰った瞬間に会場外の溜まり場に行くと、そこにファンの人が50人ぐらい溜まってんの。

ニ：出たところが駐車場みたいになってましたからね。

ア：そうそう。出待ちみたいな感じでいつも居るんで。で、僕は優しいから「寒いからみんな入りなさいよ」って。その代わり、「俺とJACKieにチューしないと入れない」ってことにして（笑）。

ニ：そういうことだったのか！

ア：そう。旧LOFTは階段が細いのよ。一人ずつしか入れないから、俺とJACKieがスタッフを上に行かせて出待ちの子たちを並ばせて「あっちゃんとJACKieさんにチューしないと入れませんよ」って言わせて（笑）。

ニ：そういうことだったのか。

ア：何でそんなこと知ってんの？

ニ：ニューロティカのライブも行き始めの頃は終電で帰ってたんですけど、岡山から出てきたばっかりだったし。一回、LOFTでSHONさんがレコードでDJをするクラブイベントみたいなのをやる時に行って。オールナイトだったから、歩いて帰ろうと。岡山の一駅なんて覚悟決めなければ歩けない距離だったんだけど、歩いてみたらLOFTから15分ぐらいで家に着いて。そもそも代々木から新宿駅が見えてるから（笑）。

ア：なるほど。

ニ：それからは帰りの時間を気にしなくなって。大久保に住んでた友達も歩いて帰れるから、そいつとニューロティカのライブ観に行った後、飯食いに行って戻ってみたらまだみんなLOFTの前に居て、見てたら女の子が続々とあっちゃんにハグされにいったから。

ア：歴史的な瞬間を見てるね（笑）。

ニ：俺も若手の時にそれをやってたんですよ。あの光景が脳裏に残ってたから。

ア：同じことを（笑）。「あの光景」ってすげえな（笑）。

ニ：ファンが「握手してください」ってきたら両手を広げてハグで迎え入れてたら、そのうち続々とハグが続くようになって。「じろ〜ちゃんハグしてぇ〜」って。街中でもそれがあって、それをまだ売れてない頃のサンドウィッチマンの伊達ちゃんが見てて。「この人、狂ったようにモテてるな」って思ってたって（笑）。

ア：継がれてくんだね代々（笑）。素晴らしい！

ニ：伊達ちゃんは性格的にそういうことできるタイプじゃないんで、ずっと「これがモテるってことか！」って思ってたらしいです（笑）。

俺たちのローズガーデン

ア：当時…ローズガーデンだったかな、サンクチュアリだっけ？『秘密の部屋』みたいな漫画が流行ってて、JACKieと「俺たちのローズガーデン作ろうぜ！」って話して。事務所のスタッフたちと社長が帰ったら、ウチのスタッフを呼んで「ここは全員裸じゃないと入れないから」って（笑）。

ニ：ローズガーデンで（笑）。

ア：そう（笑）。そこでメンバーとスタッフ全員が上半身裸で飲んでて。それでも入れるって人は入ってくるんだよ。女の子はブラジャー姿なんだけど、全然やらしい目はしないで「わあ、元気いいな！」ってだけ。そこで抱こうとかそういうのはないのよ。ハグもキスも。普通に楽しく。ブラジャーの女が50人ぐらいいるんだけど、平気で「そうだねー。今日もライブ良かったねー」って（笑）。あれが究極だったかな。

ニ：あれが92年とかですか？　LOFTの1万人斬りとか一週間やった時。

ア：野音が91年だから…札幌でもやったなー。ローズガーデン（笑）。地方に行って会場外に溜まっている女の子は追っかけの子なんで。

ニ：その頃が一番モテてたんじゃないですか？　普通に黄色い声援でしたもんね。

ア：でも二郎ちゃんがLOFT来てる時代は半々ぐらいじゃない？　男も女も。

ニ：いや、女のほうが多かった。

ア：じゃあその前か。最初は男ばっかだったの、ウチ。でもほら、俺がモテるから女がいっぱいになっちゃって（笑）。

ニ：ほとんど女でしたよ。

ア：ホントに？

ニ：はい。AKIOさんのファンの。

ア：（笑）！

ニ：そん時にBOYS DAY行ったら2、30人しかいなかった。その時。

ア：え、BOYS DAY満員だったよ？

ニ：いや、もっと後のBOYS DAY。93、4年ぐらいのBOYS DAYかもしれない。

ア：満員だった時のBOYS DAYはAV女優を3人4人呼んだらもう、客の男がワアーッて。歌なんか聴きやしねえ（笑）。

ニ：（笑）。

ア：LOFTの楽屋って4畳半ぐらいあるんですけど、そこで豊丸が俺の前で平気でおっぱい出してて。俺その時「プロってこういうもんだなー」って。「すいません着替えですね？ 自分楽屋出ますね」って言ったら「別にいいのよー」なんつって。その時にプロって言葉が俺の中で。

♥狂乱のバンドブーム

ニ：で、どうなんですか？ 実際あの頃はモテたんですか？ バンドブームの頃は。
ア：モテたねー。ホテル泊まってても、部屋にトントンって来るの。そのぐらいの時代だった。
ニ：ふーん。
ア：前乗りで行くとロビーに50人ぐらいいるの。でも顔合わせないで知らん振りしてるの。で、ある時「何でホテルわかるの？」って訊いたら、うちの前の会社がラジカルシティーミュージックってところなんだけど、大阪のホテルに片っ端から「ラジカルシティーミュージックの予約の件なんですけど」って電話するんだって。すげえなって思って。
ニ：だから違う会社名義でアイドルとか泊まったりするんだな。バレちゃうから。
ア：岡山でホテル泊まった時に酔っ払って帰ってたら、違う階を押しちゃったの。パッて開いたらSPが居て、チェッカーズが泊まってた。
ニ：でも、チェッカーズよりあっちゃんのほうがモテたんですよね？
ア：そうだね。あいつらはほら、SPが結構いたからさ（笑）。俺らのSPは12時で帰っちゃうから（笑）。
ニ：その頃ってあっちゃんの他に誰がモテたんですか？
ア：JACKieかなあ。
ニ：LOFTに出てる他のバンドとかは？
ア：みんなモテてたね。スタッフでさえモテてたもん。
ニ：へー。
ア：うちのスタッフが地方で女抱いて修豚に殴られてやんの（笑）。修豚モテないから「なんでお前が！」ってビジネスホテルの壁に頭をガンガンってぶつけられたらしい。可哀想に。それをここ最近聞いたのよ。スタッフと飲んでた時に「楽しかったねー」って言ったら「実は嫌なこともあったんですよ…」って（笑）。いやあ、しかし、二郎ちゃんにあんなところ見られてたのか（笑）。
ニ：あれは衝撃的でしたね。当時の状況を知らない10代20代の奴らに説明すると、ものすごいバンドブームでメジャーもインディーズもアマチュアもみんな人気あるぐらいの頃。だって俺、東京来て山手線乗ったらギター持った奴ばっかでしたからね。
ア：へえー。
ニ：一車両に絶対ギター持った奴が何人か居るみたいな。時代的にはTHE BLUE HEARTSとかJUN SKY WALKER（S）とか。
ア：当時、純太（JSW）は電車の乗り方知らないって言ってたからね。移動は全部タクシーだって。
ニ：あっちゃんはその時どういう女性と？
ア：今思い出してるんだけど、どうやって会ったのかなっていう。トントンって部屋に来る子と、手紙に電話番号書いてる子と。当時だから家の電話番号だよね多分。
ニ：そうっすね。
ア：当時…携帯もない時代にどうやって出会ったのかなって今思い出してるんだけどね、それしか出てこない。だから、前乗りで行ってデートしようと思っても、フロントに女の子がいっぱい居るから「どこに行くの!?」みたいな感じで、もう、ねぇ（笑）。
ニ：これはハチャメチャだったな、みたいなのはあるんですか？
ア：ハチャメチャ。
ニ：みんなでワーってやったとか。
ア：みんなでワーってやったのは青森だね。青森の時に各自飲んでたんだけど、スタッフがJACKieに呼ばれて部屋に向かったら女が十何人も居て、煙草の煙がすごくて仙人の部屋かと思ったって（笑）。
ニ：JACKieさんが神様になったのかって（笑）。
ア：そうそう（笑）。ベッドで一人でこう、神様のように（笑）。俺はそういうのできなかったから。大勢呼ぶとか。
ニ：俺も大勢はないんですよね。タイプ的にダメなんすわ。男が一人だったら何人でも良いんですけど。

♥Tバックピラミッド

ア：そうだね。あとは当時、キャバクラに行っても大体ファンが居たね。「あっちゃーん！」って言われたらラッキー！　って（笑）。そんなにしょっちゅう行くわけじゃないんだけどライヴ中に「キャバクラ行ったらモテちゃったー」とMCでわざと言ってたら、地方の子がロフト近くのキャバクラで働き始めちゃって。あっちゃんに会えるんじゃないかって（笑）。

一同：（笑）。

ア：そこに俺、たまたま行っちゃって（笑）。

ニ：何年前だっけな？　俺がダイノジさんとかと名古屋でニューロティカの打ち上げに行った時に、女がいっぱい居て…女がTバック穿いて組体操のピラミッドをやってて。

ア：Tバックピラミッドだ！

ニ：俺、一言も喋ってない奴持ち帰りましたもん。

ア：ああ、そう（笑）。

ニ：Tバック隊とか言ってましたよね。

ア：そうそう。あったね。

ニ：要は居酒屋の2階を借りてるから店員も注文の時以外は来ないんです。で、見たらTバックでケツこっち向いてる。あれやったほうが良いなぁ。このエロ本の第2号ででも（笑）。

ア：Tバックを（笑）？

ニ：Tバックピラミッドを（笑）。全国から送ってもらって優勝者を決めようかな。賞金出しますって言って。

ア：メジャーじゃなくなって自分たちの事務所立ち上げて、今のメンバーでツアー回ってた時に、大体のバンドマンはライヴは観てなくてもニューロティカの打ち上げだけ来るみたいな。

一同：（笑）。

ニ：だってあの頃ってライヴ中より打ち上げの時のほうが関係者多かったですからね。

ア：そうそう（笑）。

ニ：最近はどうすか？

ア：最近はそんなに来ないかなぁ。

ニ：俺が最後に見た時、メンバーとスタッフさんだけで鳥貴族行ってましたもんね。

ア：あれは日曜だったからかなぁ。

ニ：最近ははしゃいでないんですか？

ア：はしゃいでないねぇ、近頃は。はしゃいでないというか、そんなに遅くまで飲めないっていうのがあるな。

ニ：でも、何で15年前のLOFTとかには世間にはいないような、絵に描いたようなエロい人が来てたんですかね。

ア：なんでだろうね。なんでか知らないけど15年ぐらい前っていうのはそうだよね。うちの打ち上げをすれば氣志團、POLYSICS、PUFFY、175Rが来て。これがもう鉄板の仲が良いメンバーだったからね。

ニ：アメコミに出てくるエロい人みたいな、日本人だけど金髪で網タイツ穿いて露出過多で色んな人の膝の上に乗って酒飲んでる人も居た。

ア：良い時代だねぇ（笑）。

♥「やらせて」と言ったら負け

ニ：やっぱりミュージシャンには女が常に付きまとうものなんですかね？

ア：うーん…。

ニ：遊ぶ遊ばない抜きにしても。モテる職業なんですかね？

ア：普通の人と感覚が違うんじゃないの？　多分芸能の近くで生きている人ってそういう人が多いんじゃないの。お前月に何万使ってるんだよ？　パパ活かよ!?って（笑）。

ニ：こっちはパンカツ（八王子C級グルメ）喰ってるのに（笑）。

ア：でもこっちは金かけないでモテたから。

ニ：そうですね。だってニューロティカの名古屋の打ち上げで持ち帰った女の子とは本当に一言も喋ってないですからね（笑）。

ア：（笑）。

ニ：あれ、何でそうなったんだろう？　って俺も忘れちゃったよ。ニューロティカが金谷ホテルに泊まるだろうからって俺もそこ取ってて、多分女の子たちもそれを知ってて。

ア：金谷ホテルって名古屋のホテルがあって、安いから大抵のバンドマンがそこを使ってて。俺が前乗りしてラジオとかキャンペーン活動やった後に関係者と飲んで帰ってきたら、こっ

2019年12月20日、川崎 CLUB CITTTA' で開催された結成35周年&アツシ生誕55年ワンマンの模様

ちの部屋でもアンアン、あっちの部屋でもアンアンって。すごいなー！　と思って、次の日訊いてみたら色んなバンドがちょうど集まってたらしくて。SNAIL RAMP いたな！　あと誰だっけな。忘れちゃったな。3バンドぐらい有名なバンドが集まってた。そのあと俺はまた飲みに行っちゃったからね。意外と淡白だから(笑)。

ニ：あそこはオバケが出るって噂があるんですけど、今にして思えばそれって喘ぎ声のことだったんじゃないかなって(笑)。

ア：(笑)！

ニ：真面目なサラリーマンが、ふざけたバンドマンたちの夜遊びの声を(笑)。

ア：あそこのビジネスホテルは本当に壁薄いから。それでまた飲みに行っちゃった自分も可愛いなって思ったね(笑)。これ邪魔しちゃいけないんだなって。あと思ったのが、島国の女は根性あるなって。今みたいにSNSなんて無い時代に。

ニ：俺はあれを見てたから、その後の遊び方に繋がっていっていたかもしれないですね。お笑いの打ち上げって大体、芸人がそこに来ている女の子を必死に追っかけてるから、結果あんまりモテてないんですよ。

ア：逆なの？

ニ：要はがっついちゃってるから。俺はニューロティカの名古屋の打ち上げで一言も口説かずにお持ち帰りした時点で「俺のスタイルはこっちなんだ」って決まっていたのかもしれない。

ア：なるほど(笑)。

ニ：芸人みんなで声かけて若い子たち連れて来ても、みんなでワーッとサービス精神で笑かして、なんだったらその場で「やらせて」とか言ってるけど、大してモテてなくて。ミュージシャンはもう打ち上げの時点で既にモテてる感じだったから。

ア：俺、人生で「やらせて」って言ったこと一度もない。

ニ：俺は「やらせて」って言った時点で「負けました」ってタップしているようなものだと思ってて。ベッドを遠ざけるんです。その一言は。

ア：言ったことないんだけど、ファンの子と飲んでいる時に「スタッフから『やらせてやらせて』って言われているんですけど、私どうしたらいいですか？」って言われて、あいつマジかよ！　って(笑)。

ニ：バンド系ってどういう人たちがモテるんですか？　ギターが一番モテるとか。

ア：ギターじゃない？　俺のイメージだとギターはちょっとイッちゃってる感じで、ベースは「寡黙」みたいな。ドラムは体力があるからコッチはすごいんじゃないかって(笑)。でも、ドラムは口下手なのが多いよね。

ニ：俺が見てきた全ミュージシャンの中で、某ドラムの人が一番モテてないですよ。NティカのNボ。

一同：(笑)！

ニ：「やらせてよ」って必ず言ってるし、「その前におっぱい見せてよ」って言うし。そんな奴がモテるわけねぇ(笑)。

ア：「おっぱい見せてよ」って言ってるの？

ニ：よく言ってますよ。無理矢理触ろうとしてビンタされてるのも見たことありますし(笑)。

ア：(笑)。

ニ：あんなのアメリカンコメディでしか見たことないですよ。

ア：すごいなぁ(笑)。ドラマーは頭おかしい奴が多いんだよね。打ち上げで脱いでる奴は大体ドラマー。一番最初にドラマーが頭おかしいって思ったのは、ARBのラストコンサートにゲストで参加した時。古風な店での打ち上げだったのにドラムのKEITHがチンコで障子を全部ぶち破ってた(笑)。

ニ：あのKEITHさんが？　志村けん越えてるじゃないですか(笑)！　志村けんでも手で破ってたのに。

一同：(笑)。

ニ：仏様みたいな笑顔で今でもドラム叩いてますけど。

ア：あれはびっくりしたなぁ。

ロックンロール風俗

ニ：キャバクラはよく行ってたんですか？

ア：そうだね。一般人よりは行ってたかな。

ニ：よく風俗の歌を歌ってるじゃないですか。

ア：うん。逆に風俗はあまり行かない。

ニ：あれ実体験を歌にしてるんですか？

ア：そう。行かないわけでもないけど、「こんな歌を歌えるのは俺たちしかいないだろ」っていう意味で歌ってる。昔「投稿写真」っていう雑誌があって、そこでニューロティカが投稿されてくる写真に値段をつけてたの。この写真3千円、5千円って(笑)。

ニ：そのコーナーは今後、このエロ本でも復活させたいんですよね。

ア：サンボマスターの山口君は、曲は聴いてなかったけど「投稿写真」でニューロティカってバンドを覚えたらしい。

一同：(笑)。

ニ：俺も、イカ天でサイバーニュウニュウを知ってたんですけど、「スーパー写真塾」でコメント担当をしていたんで、そっちのイメージのほうが強かったです。

ア：へー。

ニ：当時は「投稿写真」「スーパー写真塾」「熱烈投稿」がありましたよね。俺よく買ってたんです。サイズが小さくて隠しやすかったから。

ア：名古屋の「シティヘブン」っていう風俗雑誌で風俗嬢3人と対談したね。巻頭カラーでキャンペーンの一環として(笑)。

ニ：俺はニューロティカは高一で知って。まだ「宝島」が音楽雑誌だった頃、「自分たちのアルバムベスト3」っていう企画内であっちゃんもジュンスカの和弥さんもブルーハーツのヒロトさんも、俺の好きな人たち全員がARBを1枚

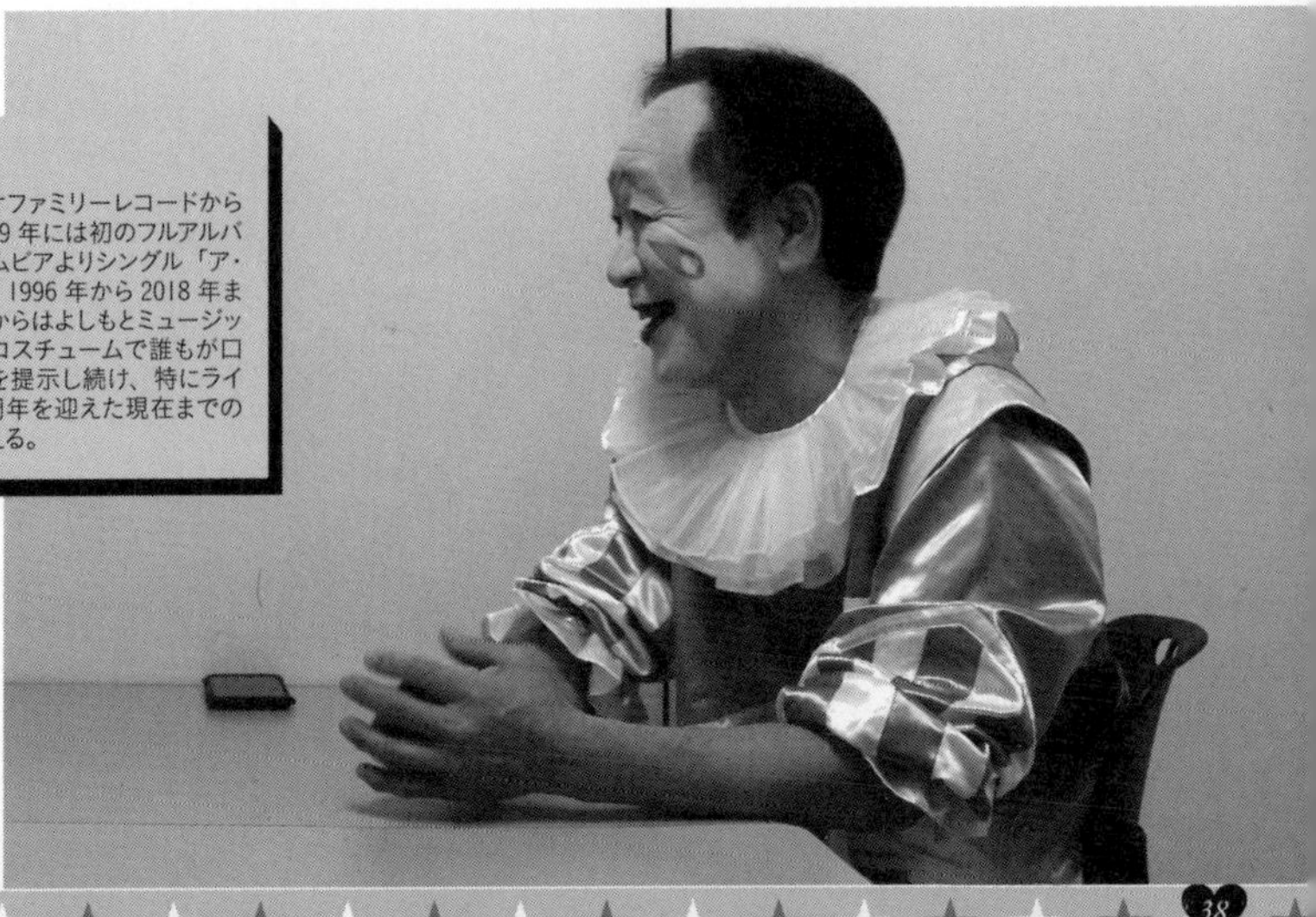

ニューロティカ

1984年結成。同年に設立したネオファミリーレコードからオムニバスやシングルを発表し1989年には初のフルアルバムをリリース。1990年、日本コロムビアよりシングル「ア・イ・キ・タ」でメジャーデビュー。1996年から2018年までインディーズで活動後、2019年からはよしもとミュージックに所属。ピエロメイクと派手なコスチュームで誰もが口ずさみやすいパンクロックサウンドを提示し続け、特にライブを重視した活動により結成36周年を迎えた現在までの総ライブ回数は2000回を優に超える。

挙げてて。それから遡るようにARBを聴くようになって。

ア：うんうん。

ニ：通っていた高校に生徒に理解のあるような接触をしてくる教師がいて、ARBを聴いてるって話したら「その歳でARB聴いてるのか」みたいになって。「昔はフォークソングとかあったけど今は労働者の歌を歌っているバンドが少ない。ARBは労働者の歌を歌っているからかっこいい」って絶賛してたんだけど、当時俺は16歳だったからよくわからずに「ファクトリー」とか「ユニオンロッカー」とか「Heavy Days」とか聴いてたんだけど、全部労働者の歌だったのかって。

ア：あー。

ニ：ロックンロールって女抱いて車乗ってみたいな、RED WARRIORSみたいなのがロックだと思ってたけど、こういうメッセージのものもあるんだなって思ってARB聴いてたのちにニューロティカが風俗嬢を応援し始めたから。さすがにドン引きしました（笑）。

ア：（笑）！　マジで？　3部作で作ってたんだよね。

ニ：ロックンロール風俗。

ア：そう。1作目は風俗に行きたい男、2作目は行った後の「ありがとう」ってキーワードで、3作目は「お世話になりました」っていう（笑）。各曲素晴らしいキーワードを使ったなって思ってる。

ニ：「ソープで歯磨き」なんて歌詞が出てくるバンド、世界中にいないですよ。

ア：だってびっくりしたんだもん。「何で歯磨くのかな？」って（笑）。安くてちっちゃいやつで。

ニ：安すぎて逆に歯間に引っかかるような歯ブラシ（笑）。

ア：実はそんなに風俗行ってないんだけどネタ的にJACKieと風俗の話をしてたら「そんなに風俗好きなら歌詞書いてみろよ」って言われたのかな。それは覚えてる。裏を返せば、性犯罪を犯してしまうぐらいなら風俗に行けと。素敵な女性がたくさんいるんで。そこも労働なんだもんね。「発散しなさい」って意味も実は込めてる。今までこんなこと言ったことないんだけど。今日一の良いこと言ったな、今（笑）。

ニ：俺も以前『モテ☆メタボ』っていう本を出したんですけど、やっぱり「女にモテなかったら風俗行け」と書きました。

ア：そうそうそう。

ニ：童貞を捨てることを美化しながら30代を迎えるのはマズいと俺は思ってる。それが今は平気で40代まで持ち越してる奴もいっぱいいるから。

ア：ああ、今ねぇ。

ニ：だったら、まずはスナックで金払って女と喋れと。その後風俗行って女と触れ合えって思うんですよね。

ア：そうだよね。

ニ：風俗店も客が減ってどんどん潰れてるみたいですよ。若い奴が行かないみたい。

ア：なるほど。八王子のRIPSとMatch Boxっていうライヴハウスの裏に風俗店があるんだけど、そこの店員がニューロティカの大ファンで、いつか来て下さいって言われてる（笑）。サイン色紙書いたことあるから、もしかしたらお店に飾ってあるかもしれない（笑）。

ニ：鴬谷の大衆居酒屋に入ったら、男の人から「握手してください！　二郎さんの大ファンなんです」って言われて、「一生タダで良いんで来てください」ってソープの名刺渡された。でも、タダって言われると行きづらくて。今後俺に声かけてくれる社長がいるとしたら「100円」って言ってくれないかな（笑）。

一同：（笑）。

ニ：大恋愛みたいなのはあったんですか？

ア：大恋愛？

ニ：もう結婚しようかみたいな。

ア：後半ぐらいだよ。今のメンバーになったあたり。そんなの結婚なんか考えてなかった。

ニ：今はもう常々言ってる、マンション建てて。

ア：マンション建てて、嫁にいけない女と結婚できない男と住んで、毎朝毎朝みんなでニューロティカの歌詞を朗読して、ピエロのおっちゃんピエロのおっちゃんっていう。いろんな人が来たい来たいって言ってるんだけど。

ニ：実際建てたら入居者ゼロだったらどうします？

ア：（笑）。やめろよー。

エロ本 対談②

ハチミツ二郎×秋山竜次(ロバート)

嗚呼愛しの純喫茶

秋山(秋:)いただきます。
ハチミツ二郎(二:)何を飲んでるの?
秋:僕は、基本アメリカンが多いですね。珈琲だとちょっと濃すぎて、アメリカンぐらいが。
二:アメリカンって薄いもののことなの? 俺今までアメリカンが何かわからずにいたわ。
秋:アメリカンって普通の珈琲を薄めてるだけです。僕はカフェラテとか、本当はああいう牛乳系が好きなんですよ。でも、こういうの飲んでないと「お前は喫茶店を語るな」って言われちゃうから頑張って飲んでて。そこから「美味い!」ってなり始めたパターンですね。
二:俺たまにクリームソーダ飲むよ。
秋:サラリーマンが休憩時間にあれ飲んでると、良い息抜きしてんなって思いますよ(笑)。
二:値段650円とかするからね。スタバで相当良いもの飲めちゃうからね。でも俺たちはこっち(喫茶店)に来て。
秋:ネタ考えるのとか、喫茶店がないとやっていけないですね、僕は。
秋:そうなんですね! へ〜! ネタ合わせで集まるんですね。
二:単独の前とか。
秋:会社の会議室とかじゃないんですね。
二:俺たちは稽古が極端にないから。
秋:なんかいいなぁ。
二:松田なんか実質、喫茶店だけだよ。
一同:(笑)!
二:普通は喫茶店の後に稽古するんだけど(笑)。

秋：喫茶店って「どうする？　今回」って集まる一番最初の決起集会の場所ですよ。僕、とんでもない額を喫茶店で使ってますよ。それだけ喫茶店代を使えって言ってますけどね。だいたい都内のあちこちに自分のお気に入りがあるじゃないですか。二郎さんもあるでしょ？　駅によって「ここにはあの喫茶店があるな」とか。

二：あそこ良いけど、この時間は混んでるなとか。

秋：そうそう。俺そういうのめちゃくちゃ持ってて、仕事の集合時間前に必ずお茶したいんですよ。それで現場まで歩いて5分くらいの喫茶店をキープして、そこにまず入りますね。大宮の劇場の時のあそこ、僕まだ使ってますよ！

二：どっちだろう？

秋：茜屋のほうです。

二：茜屋はコーヒーカップが何百個とあって、マスターがお客さんの雰囲気に合わせてカップを選んで珈琲を淹れてくれる店で。竜次が「僕どんなコーヒーカップが来ますかね？」って言ってたら、白いTシャツ着てたからか、普通の白いコーヒーカップが出てきた(笑)。

秋：「衣服の感じだけで選んでんの？」って。普通、顔とか人柄で選ぶもんですけどね(笑)。でもあそこも穴場ですし、喫茶店の穴場を見つけたときほど嬉しいことはないですよね。

二：あそこの珈琲も美味いしね。

秋：美味いですよね。チーズケーキも手作りなんですよね。でもマスターが2人いて、そこは切り込めないというか。どういう関係性なのかわからなくて。マスター2人制って中々なくないですか。

二：昔は1人だったような気がすんだけどな。

秋：昔1人で、今は2人なんですね。

二：店も変わったの。もっとわかりにくい所にあった。

秋：だからか。最初二郎さんが連れてってくれたとき、全然場所が違うなって思って。

二：もしかしたら元々のオーナーとビルオーナーとで2人制になったのかもしれない。

秋：そのパターンもあるんですね。ミュージシャンで3MCとか1DJとかあるじゃないですか、KICK THE CAN CREWみたいな。そういう表現できそうですね。マスターが1MCとか(笑)。

二：フロアがひとりで(笑)。

秋：そうそう(笑)。「あそこの喫茶店ってどうですか？」「2MCですね」「あ、マスター2人なんだ」みたいな。

二：スパゲティしか作らない人はDJ(笑)。

秋：(笑)！

二：ここもね、1DJ。お父さんは基本出てこないから。お父さん恥ずかしがり屋だから。

魅惑の喫茶店飯

秋：俺、喫茶店の飯好きなんですよね。ここのやつもやばいですよね。教えてもらってから、何回も来てるんですよ。

二：タマゴサンドでしょ。あとオムマキもあって。うちの娘もここのオムマキが大好きで。それで他の店にもあると思ってて、レストランで「オムライスに焼きそば入ったやつ」って。

秋：オムマキは基本的にないよ(笑)。早いなぁ。純喫茶の良さをもうわかっちゃってるね。

二：子どもや女性ってタバコが嫌いだから、どんどんカフェにもってかれちゃうんだよね。

秋：僕は今は吸わない側の人間なんですけど、カフェだと「ここ喫煙か」ってなるけど、純喫茶に対しては脳が切り替わってるんで、タバコのことはなんとも思わない。

二：これだけ禁煙禁煙って言われてるけど、今見ても全テーブル灰皿置いてあるからな。最初から。

秋：そうですね。吸う人にとってはオアシスですよ。俺、アイスコーヒーの銅のカップも好きなんですよね。

二：俺買っちゃったもん、家に。冷え方が全然違うの。

秋：あれ気を抜いてゆっくり飲んでると、手がへばりつくんじゃないかって時がありますよ。

二：(笑)。

秋：あとホットケーキね。パンケーキブームがここ5～6年続いてますけど、何の魅力も感じてなくて。

二：俺もハワイに行くからパンケーキも食うんだけど、俺の中ではパンケーキとホットケーキって別もんだから。

秋：まったく別もんですよね。
二：南千住にスナックみたいな喫茶店があって、パンケーキだけ飛び抜けて上手に焼くんだ。おばあさんが普通にホットプレートで焼くの。
秋：マジっすか！　普通は銅板とかね。
二：ホットプレートにあの丸い型を置いて焼いてんだけど、こんな綺麗に焼けるもんなんだってびっくりする。
秋：俺、マジでホットケーキのあの表面の色、大好きなんです！　一番好きな色かもしんないです。やべーっすよ。あの色。
二：キムタクが一時期似たような色のジャンバー着てたよね。
秋：着てましたよね(笑)。ダウンジャケットの。
二：もっと忠実にホットケーキの色にしてほしい(笑)。
秋：あの色は、名前付けるべきですよね。「ホットケーキブラウン」って。
一同：(笑)！
二：「パンケーキブラウン」じゃ嫌なんでしょ？
秋：嫌ですね。パンケーキとホットケーキは違うもん。「パンケーキブラウン」は色が薄いもんなぁ(笑)。
二：肌色よりも薄い場合もあるからな(笑)。

♥オムマキ登場

二：これがオムマキ。
秋：やばいな、オムマキ。オムマキは卵が良いんだよねぇ。これ卵が変にトロトロじゃなくて、ちゃんと焼いた薄いのが好きなんだよな。
二：これがカフェになると、卵を3個使って上にかけるから余白ができる。でも、卵1、2個でぱつっと巻くから。1個かな？
秋：わかる！　これ、なんか、さらしみたいだもん、ギュッって(笑)。
一同：(笑)。
二：やりすぎたら破れるし、破らずにちょうど良いところで。
秋：こんな上手に。これもマスターなんすかね？
二：これはDJ。
一同：(笑)。
二：ご主人は最後に帰る時にDJブースからちょっとだけ顔を出す。
秋：DJはそうあって欲しいです。
二：ところで最近はどうなの？
秋：喫茶店でいうと、だいたいそれぞれの駅に必ず2軒くらいキープしてるんですけど、エロい店もだいたい2軒くらいキープしてましたね。駅名を言っていただくと、その近くに2件は紹介できるお店があって(笑)。
一同：(笑)。
秋：よく吉本の人とかに「○○駅だけど、いいとこないかな？」って訊かれるけど、僕もえらいお金はたいて発見した店だから、そう簡単には教えたくない。
二：俺はそっち系の店は、あちこち行かずに一店に集中にしてるけど、そうすると「新人が入りました」という時に「この子、お客さんのアンケートの評判が悪いんで、タダでいいから入ってもらえませんか。それで感想を教えてくれませんか」っていう依頼が来たりするよ。
秋：(笑)。もうそれライターの仕事ですよね。
二：一店集中型。
秋：俺は冒険してちょっと看板見て入るパターンもあるし。
二：その分アレも多いでしょ。
秋：全然良いんですよ。ハズレも含めてこっちは行ってるから。「エッチなお店紹介してくれよ」って言われても、成功だけをただただ根こそぎ持っていこうとしてる奴においしい思いなんかさせられないですよ。だって、1人1人の女性に出会うために、もう何十万も費やしてる

元祖オムマキ 700円

んですから。
二：まあ、うちひしがれる感じも良いからね。
秋：それです！　それも含めてじゃないと。
二：金がない時に、どうしてもそれが嫌で金がないのにもう一軒行ったら、そこでもうちひしがれてさ。
秋：そうです（笑）！　わかりますよ。言い方悪いですけど僕、どんなにショッキングな人が来ても、達さなかったことがないです。例えば「この人は口だけいいただこう」とか一箇所パーツを必ず見つけて。でも一回だけどうしても無理だったこともあって。熟女店に電話して「最高齢は何歳がいますか？」って訊いたら「うち日本で2位が在籍してます。1位は千葉のお店にいる70代の方で」って言うんですよ。その2位の方は68歳みたいで。「その方で」ってお願いしたら「コスチュームを着て伺わせますんで」って。衣装も選べるんですよ。テニスの格好とかCAさんとかバニーガールとかを。
二：その高齢女性に？
秋：そうです。和風の着物もあるっていうんで、良いなと思って着物選んで待ってたんですよ。それでピンポンが鳴って出たら68歳の方の着物なんで、ただの私服みたいな感じで（笑）！
一同：（笑）。
秋：なんのひねりもない、ただのおばあさんがそこにいたんですよ！
二：（笑）。

♥タマゴサンド登場

二：これがやばいんですよ。
秋：卵焼き系のサンドは他にもあるけど、ここがダントツだよな。ジューシーなんですよね。
二：そう、ちゃんと出汁がきいてる。
秋：卵サンドって、こっち系のほうが美味いですよね。俺、最初に卵焼き形式のを知ったのがここで。衝撃でしたよ。「こんな卵サンドあるんだ！」って。いただいていいですか？
二：どうぞ。
秋：…これはやばいな。やわ～！　マジで美味い!!　なんなのこれ!?
二：（スタッフに）これ熱いうちに食ったほうがいい。これがここの主役だから。
一同：ウマい！
秋：そう。その着物を着たただのおばあさんの話なんですけど、やっぱり呼んだからにはこっちも気持ち良くなんないとっていろいろ探して。胸元も綺麗なんですけど「手だ！」と思って手でやってもらったら、もうすげーんですよ。角質が固すぎて金たわしでしごかれてるんじゃないかってくらい「イテテテ！」ってなって。
一同：（笑）。
秋：ローションつけてやっても、金だわしなんですよマジで。ちょっとこれはいてーなと思ってね。リップサービスやってもらうんですけど、気道の確保が難しいらしくて。
一同：（笑）！
秋：息と両立できないらしいんですよ。しゅかかかか～って。
一同：（笑）！
秋：初めてですよ。唯一その方だけ、「お話しましょう」ってお話して終わりました。ただ着物着たおばあさんとお話だけして。
二：ウドさんも高齢女性が好きでしょ？　うちのトークライブに来たときに言ってたのが、70歳くらいの派遣のマッサージがあるって聞いて電話して「今日はそこまではいないけど高齢の人がいますから」って言われて来たのが48歳。
秋：ほう。
二：すぐウドさん電話して「話が違うじゃないか！」って。

人気メニューのタマゴサンド650円

一同：（笑）！
二：「若すぎるじゃないか！」って（笑）。多分向こうは頑張って48歳出したと思うんだけど、ウドさんは70歳を待ってたわけだから。
秋：そんな逆サバはいらないんですよ！
二：ウドさんに「何歳までいけるんですか？」って訊いたら、ちょっと考えて「灰になるまで」って（笑）。
一同：（笑）！
秋：やっぱウドさん素晴らしいですよ。あの人は別格ですよね。そういう店に行くのを今は抑えてますけど、昔はやばいくらいで。
二：今は妻子持ちで金もかかるし行かないけど、独身の頃は喫茶店感覚でヘルス行ってたよ。
秋：やっぱそうですよね。
二：渋谷に住んでた時は、タクシー乗り場が混んでて長い順番待ちするくらいだったら歩いて帰ってて。夏なんかは道玄坂でちょうど汗かいてくるから、銭湯入る感覚で行ってた（笑）。
秋：いきますねぇ（笑）。午後から仕事のときはだいたい朝に風呂入って行くんですけど、一発抜いてから仕事に行く時はそこでシャワー浴びればいいから、「家の風呂いらねえな」って。わざわざ風呂に入った感じの嘘の芝居で出かける時があったんですよ。
一同：（笑）。
秋：「なんでお風呂入らないの？　いつも入るのに」ってなるから、わざわざ髪だけ少し水道で濡らして。
二：俺は歴代の彼女とだいたい同棲してきたから結婚前は。「おかしいぞ。風俗の匂いが」って。
秋：しますね。匂い。
二：そうでしょ？　だから俺は付き合いたての頃にすぐ一緒に健康ランド行くの。一緒に近場で買い物してても、「銭湯寄って帰るわ」って銭湯好きを印象付けていくの。
一同：（笑）。
秋：いいですねえ！
二：だから、家と違うボディソープの臭いがしても「銭湯行って帰ってきたんだよね」って。
秋：それはフリが効いてますね。

ルミネの空き時間を有効活用

二：ルミネも前は2時間半くらい空き時間があったから、新大久保まで一駅だからって行って…バイアグラが効きすぎちゃって、俺顔真っ赤でフラフラになりながら漫才やったよ。
一同：（笑）。
秋：ようやりましたね！
二：相方に真顔で「酒飲んでんじゃねーか」って怒られて。「いやそれは違う。酒は飲んでない。バイアグラだ」って（笑）。
一同：（笑）。
秋：俺、ルミネの空き時間、楽屋を個室ビデオにしてた時があって、出番終わったらすぐに戻ってそこで一発抜くんです。ちょうど抜き終わった後に、そろそろ出番だから行かなくちゃいけなくて、でもすぐパンツ履いたらカウパーがついちゃうじゃないですか。ティッシュをグルグル巻きにしてパンツ履いて…ルミネに戻ってネタやってたら、途中でいきなりズボンの裾から、チンコとまったく同じ形になったティッシュがスポンって出て（笑）。
二：（笑）！
秋：「うわ～！」って思って。さっきのやつがちょうどいい感じに固まってるんですよ（笑）。
二：ギプスと一緒だもんね（笑）。
秋：自分の分身みたいな、真っ白いやつが出てきて（笑）！
二：中が痩せちゃったからな（笑）。
秋：もう俺、袖にスポーンと蹴って（笑）。袖に行ったら裏方さんが回収してくれてて。その人は「何このティッシュ？」みたいな感じで。最悪ですよ（笑）。
二：博とか馬場ちゃんはわかってないの？
秋：気づいてないですけど、めっちゃくちゃ恥ずかしかったですね。二郎さんは偽名みたいなのあります？
二：あるある。昔テレビ出たての頃、名古屋の番組で相方の荷物を生でチェックするみたいな企画で、松田が俺の財布とかを勝手に見て、いくら入ってるとか。それで風俗の会員証が出てきてひと笑いあった後に、「俺の名前書いてあるじゃねーか！」って（笑）。
一同：（笑）！
二：俺、風俗には「松田大輔」で行ってるから（笑）。

明治後期開業の老舗喫茶。タマゴサンドやオムマキなど食事も絶品

秋：うわ〜！　相方の名前！
二：もう受付のやつがちょっと笑ってんの（笑）。
秋：一番身近な人を！　俺はそれはできないかなぁ（笑）。
二：松田さん、それ見て止まってたからね。一瞬、「自分の会員証かな？」と思ったらしくて（笑）。
秋：僕はだいぶ前から使ってるのが「うちだなおや」ですね。何の意味もなく。「名前は？」って訊かれて「あの〜、うちだなおやです」って言ったから、それから忘れないように会員証は全部「うちだなおや」です。でも、それのクセがついちゃうのは気をつけなきゃいけなくて。嫁さんと福岡に帰省するときに空港の受付で「お名前は？」って訊かれた時に「うちだなおやです」って言っちゃって。それを嫁が聞いてて「うちだなおや？」って。
一同：（笑）。
秋：普段はもちろん家族サービスもしてたんですけど、そういう店に行きたい気持ちは抑えられないので、休みの日に「今日は行く」って決めて。「朝からラジオの仕事がある」って嫁に嘘ついて車で出かけて。鶯谷近辺のお店に行ったんですよ。で、帰りに店を出て車乗ろうとしたら、ドアが開かないんですよ。どうやらインキーしちゃってて。しかも停めてるのが、完全にお店専用の駐車場なんです。
一同：（笑）！
秋：いわゆる店舗型ソープランド的な。俺「これはやべえ！」と色々考えたんですけど、とりあえずスペアキーを取りにいくしかないと思って、家に帰ったんですね。
二：電車で帰ったの？
秋：そうです。そっと鍵だけ取ろうと思ったら嫁から「あれ？　もう終わったの？」って言われて、反射的に「おお、終わったん…だよね」って言って。それで「インロックしちゃって鍵だけ取りに来たわ〜」と言いつつ、俺はもう冷静じゃなくて（笑）。
一同：（笑）！
秋：「とりあえず車持って来るから、それから飯行こう」って言ったんですけど、「でも終わったんなら、私もこのまま一緒に行ってそれから行ったらいいじゃん」「ああ、そうだねぇ」みたいになって（笑）。
一同：（笑）！
秋：「これやべえな」って思って。どう考えても専用駐車場だし（笑）。
二：鶯谷のホテル街だしね（笑）。
秋：ラジオの仕事って言ってあるし（笑）。ごまかしながら行ったんですけど、現場着いたら完全に嫁はわかってるんですよ。もう街自体がそうだし。「専用駐車場」って書いてあるし。「何ここ？　なんでここに停めてんの？」って言われて、無茶ですけどラジオで繋ぐしかないと思って「今バラしちゃったけど、そこの空き地で公開イベントやってたんだよね」って言ったら、普段ツッコミとかしない嫁が「どんなラジオだよ!!」ってブチ切れて（笑）。
一同：（笑）！
秋：それから、そういう店に行くっていうのがバレましたね。楽になりましたけど。
二：俺、今本当に行かなくなっちゃったよ。それはそっちの問題じゃなくて、風俗の時間内じゃイケなくなっちゃって。
秋：そういうことですか！

二：なんか、イケないと相手のテンションも下がるのよ。「私が悪かったのかな?」とか向こうも思ったりね。
秋：そうすよね。
二：「二郎、イかねえぞあいつ」みたいな評判が拡がるのが嫌だから、行かなくなっちゃった。
秋：マジですか。
二：でも3Pだけはイケるの。
秋：何ですかそれ(笑)。時間とかの問題じゃないでしょ！　数の問題でしょう(笑)。
一同：(笑)！
二：3Pができる店は都内にあんまりないけど熊本にはあるの。それで、3Pに来た2人が仕事が終わった後に待ち合わせて、ご飯食べて。
秋：すごいすね。何ですか、その旅。
二：やることやってるからこっちはガツガツしてなくて、話聞いてあげて笑かして、ご飯食べて帰る。で、次に熊本行く時には黙って行くの。俺が電話するんじゃなくて、知り合いの人に頼んで同じ2人を呼んでもらって。サプライズで。
秋：なるほど。
二：そしたら「二郎ちゃん、熊本来とると?」ってメールがきて。どうしてだろうなと思って。でも「来てるよ」って言うのは面白くないから「なんで?」って返したら、「うちの店で3Pやるの、二郎ちゃんだけやから」って(笑)。
秋：(笑)！　プレイスタイルでもうバレバレなんだ。一番恥ずかしいパターンじゃないですか(笑)。
二：3P＝二郎だみたいな(笑)。
秋：恥ずかしすぎますよ(笑)。オプションでバレちゃってんじゃん(笑)！

♥肩を拭くのがいかに大事か

二：「すぐ入れますよ」って言われて行ったのにさ「すみません、遅刻してて」とか「前の人が延長してて」という時は喫茶だよね。
秋：わかります、わかります。
二：そういう時に、適当なところに行きたくない。同じ時間潰すなら良い喫茶に行きたいから。
秋：今風のオープンカフェもありますし、純喫茶もありますし。
二：指名した子の待ち時間で、ナシゴレンとか食べたくない。
秋：(笑)！
二：ナポリタンか、パツパツのオムライスとアイスコーヒー。
秋：熟女ってナポリタンに近いのかもしれないですね。サラっとしたカフェで食べるパスタじゃないんですよ。ナポリタンぐらいのくどい感じというか、へばりつく感じ。マダム、熟女はやっぱり唾液が違いますからね。自然にローションみたいになってるんで。もう粘りがすごい(笑)。
二：子ども産んだ牛は肉の感じも変わるっていうし。ニワトリも違うっていうよね。若いニワトリとは違うって。
秋：僕はやっぱり熟成したほうが好きですよねぇ。なんか受付の人とかにいきたくなっちゃ

秋山竜次
(あきやま・りゅうじ) 1978年、福岡県北九州市出身。1998年、NSC東京の4期生で、同郷の幼なじみだった秋山・馬場のコンビに山本がツッコミ役で加わる形でお笑いトリオ・ロバートを結成。
フジテレビ系「はねるのトびら」でブレイクし、TBS系「キングオブコント」(2011) では優勝を果たした。「月刊ザテレビジョン」にて様々なクリエイターに扮する人気企画「クリエイターズ・ファイル」を連載中。

うんですよね。働いてる人じゃなくて、そこのママとか。「ママだめなの？」って今まですげえ言ってますよ（笑）。
二：（笑）！
秋：「ママはだめなの？」「私は違うじゃ～ん！」って会話、何度したか（笑）！
二：中国系のマッサージとかそうだもんね。受付のママが一番良かったりする。
秋：そうなんですよ！　だからモテてる芸能人とかイケメン芸能人、本当に真摯に遊んでいる人もいるから、ヤンチャしないでほしいです。
二：今さ、風俗遊びだけでも悪いみたいなところあるでしょ。だから今の若手とかも行かないんじゃないかな。先輩も連れて行ったりしないし。だから語り継いでいきたいところはあんの。芸人だけじゃなくて、風俗の話って絶対繋がるんだよね、同僚とか上司とか。
秋：わかります、わかります。
二：キャラの宝庫じゃん。昔、歌舞伎町のソープ行った時に、いちいち全部否定する女の人だったの。例えば、お茶出してくれて「これ静岡のお茶ですか？」「うぅん。静岡のお茶じゃないの。でも美味しいでしょ。お茶好きなの？　これ、静岡のお茶だから」って（笑）。
秋：いや、そうなんかい（笑）！
二：「ラリってんのかな？」ってくらい何か言われたら必ず「うぅん、違うの」って（笑）。
一同：（笑）！
二：そこ一万円のソープだった。

秋：リーズナブルなところに行かれてますね（笑）。でも俺もリーズナブル派ですかね。一回で何万もするところは行ったことないですね。だったら、その分ハラハラするような激安のところ何発も行って、そこで当たり引くほうが好きです。
二：なんか4時間とかコース入れるやつがいるって、女の子から聞くじゃん。
秋：いますねぇ。
二：だったら、なんで4回行かないんだろうって思っちゃう。同じ値段で4回遊べるじゃん。
秋：そういう人は楽しみ方が違うんじゃないですか。一緒に過ごしたいのかもしれないですね。
二：最後に、今までで一番の人を聞いていい？
秋：うーん、熟女店になっちゃいますかね。50代の専門店に伊藤かずえさんみたいな人がいたんですよね。その人は良かったですね。僕、シャワーの後、背中拭いてあげたりするタイプなんですよ。歯磨きのしぐさひとつとっても全部上品で、こっちに見えないようにクチュクチュって磨いてて。その人がよくできてんのは、必ず「お茶入れておきましたよ」って感じで「うがい薬作っておきましたよ」って（笑）。
二：水割りみたいに（笑）。
秋：ええ（笑）。あれができる人がやっぱ最高ですね。必ず洗面台のところにちょうど良い配分で割ったうがい薬が作ってあるんです。
二：でもね、肩拭くのポイントなんだよ。シャワー浴びて出てきて、女の子の肩が濡れてたりして、それを自分のタオルで拭いてあげると、

俺なんか風貌が怖いから、それだけで「こんなことしてくれた人いない」ってなる。
秋：僕も言われたことあります。
二：前にコリアンエステを呼んだら、後で電話がかかってきて「時計がなくなった」って。「めんどくさ！　これ脅迫かな？」と思って。「知らない」って言ったのにまた電話かかってきて「おじいちゃんの形見だから返して欲しい」って言うの。「俺、本当に取ってないよ。ホテルに言えばいいじゃん」って言ったら、その子が「そうだよね。お兄さんじゃないよね。だってお兄さん、肩拭いてくれたもんね」って。
秋：（笑）！
二：だから、肩拭くのがいかに重要か。「肩拭いてくれたもんね。そんなことする人じゃないもんね」って（笑）。
秋：じゃあ、時計がないのは事実なんですね。
二：おじいちゃんの形見なら忘れんなよ！
秋：でもそれ、わざとじゃなく、反射的にしちゃいますよね。そういうのができるやつ、できないやついるんじゃないですかね。
二：この本を読んでる人はやってほしいよね。
秋：横柄らしいですよ。風俗に行くお客さんは7割くらいはおじさんだからやってくれないんじゃないですかね。
二：俺たち、風俗界の下に入らなきゃいけないから（笑）。
秋：そうですね（笑）。

ハチミツ二郎×ダイノジ

おハガキ童貞相談

二郎：最初の質問です。

佐賀県　Kさん
僕は今まで一度も彼女ができたことがありません。クラスに好きな子がいるのですが、振られたら卒業までの期間気まずいんじゃないか？
他の女子や男子に告白したことを知られてバカにされるんじゃないかと思うと告白できません。告白するべきでしょうか？

大谷：告白ねぇ〜。
大地：よく言われるけど告白しないであとで後悔するよりは「当たって砕けろ」で告白した方がいいんじゃないかとは思うけどねぇ。
大谷：俺も22だから、童貞捨てたの。良かったけどね、溜まってた部分がめちゃくちゃあったから。逆に置いたことが良かったけどね。「傷つくから」とかそういうこと言う奴がよくいるけど、必ず「逞しい自分」になっちゃうからね。世代的な問題かもしれないけど。
大地：ふう〜ん。
大谷：俺らって東京で再会したの。中学校の時のツレと。
二郎：最初は中学が一緒だったんですか？
ダイノジ：中学が一緒。
大谷：（大地さんは）中学校の時は「カリスマ」みたいな存在で。オナニーのやり方を発明したりしてたな。俺、中学生の時は下っ端だったから「大地くん」って呼んでて懐いてたの。「大谷ってさ、エロ本読んでて最後どうやってイクの?」って訊かれたから「普通にこうやってイクけど」「いや、絶対にこう(手に持ってたエロ本を顔に近づけるジェスチャー)したほうがいい」って言うの。

二郎：エロ本を顔にくっつけて。

大谷：「どうして?」って訊いたら「一瞬、中に入れる!」って(笑)。

一同：(笑)。

大地：ちょっと早目のVRだから!

二郎：ちょっと遅めのスピルバーグですよ。

ダイノジ：(声を揃えて)ちょっと遅めのスピルバーグ!

大谷：バカヤロウ(笑)!

大地：確かにな。スペルマーグ(笑)!

大谷：この人が何をやりたいかだよね。性癖って選べないじゃん、自分で。まだ「女の子が好き」ってところがあるから潰しが利くと思うんで、俺は告白したほうがいいと思うけどね。

大地：うんうんうんうん。

大谷：別にそこでSEXできなくてもいいと思ってる。俺は。

大地：そう! そこで付き合えたとしても、でしょ?

二郎：次の質問も似てますが、今度は社会人の方からです。

神奈川県　串カツ大好き田中さん

私は童貞なのですが、それを話すと職場の上司から「ソープに行け!」と言われました。私は初めての相手はキチンと恋愛をした好きな人に捧げたいと思っていますが、上司だけでなく、他の同僚からも「ソープに行け」と言われます。童貞は早く捨てるべきか、大切にとっておくべきか? どう思われますか?

大谷：俺すっげえわかるのがさ、今って「ソープレジェンド」がいないじゃん。「ソープ行くのがかっこいい」っていう男がいないんですよ。

大地：昔はいたよね。

大谷：いたいた! たけしさんが正にそうだもん。俺は高校生中学生の時にオールナイトニッポン聴いてたんだけど「トルコ」ってめっちゃ言ってて。

二郎：今、口にしないですもんねみんな。実際みんな行かなくなったし。

大谷：あとは落合博満でしょ。男からみてかっこいい人ってみんなソープ行ってたから。ビートたけし、落合博満、あとはジャッキー・チェン(笑)。俺が初めて行ったソープランドで「誰が来たことある?」って訊いたら「ジャッキー」って(笑)。

大地：言っちゃダメだって!! 国際問題だぞ!!

二郎：エリッ●クラプトンもプライベートジェットで来るんですって(笑)。吉原に。噂ですけど。

大谷：ハリ●ンフォードもそうらしいよ。女の人をクンニするときにインディジョーンズみたいになるらしいよ(笑)。

大地：僕、そこに加担してる部分があって…実はソープ童貞なんですよ。

一同：(笑)。

大谷：いや…(笑)。別にそこ疑ったこともないし、意外とも思わないし(笑)。

一同：(笑)。

二郎：何のカミングアウトにもなってないよ(笑)。なんすかそのドヤ顔(笑)。ちょっとこの顔撮っておいてください。

大谷：「意外にソープ童貞なんですよ」って(笑)。

二郎：知らねえよ(笑)。

大地：いや意外に(笑)。ソープの何が良いかっていうのをあんまりわかってないのよ。

大谷：大地さんも拗れちゃったからね。もう本番よりも手コキだから。

大地：ソープって、どう? やっぱ良いの?

大谷：「女性から教わる」って感じだよ。

二郎：俺はソープは若い頃に行ったほうがいいと思うんですよ。

大谷：俺もそう思う!

二郎：金銭的に余裕ができた頃に行こうと思ったらもう楽しめないかもしれないですよ。

大地：なるほどね。なけなしの金を握りしめて行くから、そこにひとつの価値があったんだ。

二郎：「レモン」っていう安ソープがあったんで

「僕、実はソープ童貞なんですよ」（大地）

すよ。新宿三丁目の末廣亭の辺りに。

大谷：米津玄師よりずいぶん早いね。

大地：確かにな(笑)。

二郎：もうなくなっちゃったんですけど。風俗情報誌に「レモン」が伏せ字で載ってたんですよ。「取材拒否の店」みたいな感じで載ってて。1万3000円ぐらいだったんですけど。

大谷：安かったんだ。

二郎：俺、その頃は東京のNSCで。バイトしたってそんなにフルで働かないし、作家を手伝って吉本からちょっともらえる、みたいな。だからいつも3万ぐらいしかないんですけど、バイトの給料貰ったらすぐにそのまま「レモン」行って。俺が当時二十歳ぐらいで、同い年ぐらいの茨城の女の子がいたんですけど、俺に金がないからって、金返してくれたりとか。

大地：えぇっ⁉

二郎：1万3000円返してくれたの。

大地：同情して？

二郎：仲良くなっちゃって。

大地：へ〜！　すごいなぁ。

大谷：そのエピソード堪らないねぇ。

二郎：40代でそんな経験ないじゃないですか。

大谷：絶対ないね。

二郎：向こうも多分借金してそこで働いてるのに、自分より金ない奴が月に2回も3回もここに来るから。「返すよ」って。

大地：なんかめちゃめちゃいい話だよね。そういう社交場なんだね。

二郎：もうやることやってるし、「今度お店に行く時は絶対にデートに誘おう」と思ってたんですよ。いつも言えなくて。「次こそ言おう！」って。だけどその後は「出勤してません」の連続で。辞めちゃったんですよ。

大谷：こういう人と人との物語があるんだね。

大地：そうだよね。ドラマがあるからね。そのドラマを愛せるかどうかみたいな。

大谷：大地さんはそのドラマを飛び越えてすぐ手コキにいっちゃうから（笑）。

大地：だから…そうだよね。逆に俺はソープに行っちゃダメなタイプだと思うわ。

二郎：何の逆だよ。

大谷：一回行けばよかったんだよ若いときに。

二郎：大地さん、手コキの話はいいんで「童貞のままソープに行くべきかどうか」の結論だけお願いします。

大地：（笑）。

二郎：３人とも「ソープに行け」という答えですかね。

大地：でも俺はやっぱり童貞のときにソープって発想はなかったもんなあ。

二郎：いいですよ、「童貞は大切にしたほうがいい派」でも。

大地：でも結局…同級生とかもみんな童貞捨ててるし…でもソープって発想は…。

大谷：俺、ここまであえて言わなかったんですけど、この質問してきた人、まるで昔の大地さんなんですよ。昔の大地さんに対して何を言うかですよ。

大地：…ソープに行ったほうがいい！

一同：（笑）。

二郎：次の質問です。

愛知県　MEN'S童貞さん
童貞のおおちさんにお聞きします。
童貞はどこで服を買えばいいんですか？

大地：誰が童貞だ！

大谷：大地さんオシャレだからね。

二郎：「童貞のおおちさんにお聞きします」

大地：妻子持ちだっつーの！

大谷：これは見立ててあげないと。

大地：うーん、パルコでいいんじゃないかな？

大谷：（笑）。パルコなんだ。

二郎：とりあえずビルに入っちゃえと。

大地：パルコの中には、たとえばビームスとか、ジャーナルスタンダードとかあって。そういうセレクトショップは、童貞だろうが何だろうが差別しないんですよ。

二郎：童貞にも売ってくれるんですか？

大地：売ってくれるよ！　みんなね、「俺なんて童貞だから、こんなお店で服を買うのは…」って思うかもしれないけど寧ろ、どこにでもあるビームスなんて、やっぱ童貞率も高いと思うよ。

大谷：でも財布だけは緑の財布で。

大地：そうです。バルコス!!

大谷：（笑）!!　よくやってるから。

大地：バルコスの財布!!

大谷：通販番組でやってるから（笑）。

大地：緑がいいんですよー。ええ。緑の財布っていうのはお金が貯まりやすいですから！

二郎：通販やってるんですか。

大谷：「バルコスで見た」ってよく言われるんです。

二郎：「とりあえずパルコに行け！」でいいですか。

大地：パルコとバルコスで。

足立区　山崎包茎
ヤフーコメントに知ったかぶりな辛辣な意見を書き込むだけが趣味の40代独身ですが、どーやったら彼女ができますでしょうか？

大谷：できるか（笑）！

二郎：いますもんね。コイツなんか辛辣だなぁと思って他も見てくと、どのニュースにも同じ奴がコメントしてて。

大谷：これは二郎の前で言うのは本当に申し訳ないですけど、俺の持論でもいいですか。

二郎：いいですよ。

大谷：ツッコミはモテない！　ツッコミって、かわいげがあって受け身のツッコミはモテるけど、間違ってることを正論で指摘するとか、その場をまるで仕切ってるようなツッコミは、今の時代でモテてる奴はいない。だから、俺は今の時代…きっとこの人もコメント欄で正論をぶちまけてるわけでしょ？　きっと。正しいことよりも、間違っててもいいんで、ダジャレとか言って女の子から見てかわいげのある40代のほうが絶っ対にモテる！

大地：確かにね。

大谷：スキだらけの奴のほうが絶対モテてると思うもん。そういう場でも、間違っててもいいからずーっとおどけてみんなにイジられてる奴は、最終的にお姉ちゃんといい感じになってるんだよ。と俺は思うね！

大地：全員が全員じゃないと思うよ？

二郎：でもちょっと最近、SNS上でも悪口とかやめようって風潮になってきてるじゃないですか。俺はこういう知らない相手に辛辣なコメントぶつけてる人は、極端にモテないと思うんですよ。それを好きな子が見たとしてそれに興奮する子は、まずいないじゃないですか。醒める人は確実にいるけど。

大谷：こういう人は一番モテないと思う。自分の彼氏がこんなことやってたら本当に嫌だよね。よく仕事でさ、「喋り方講座」とか「コミュニケーション講座」とかあるじゃん。やっぱ面白いこと喋る奴よりも圧倒的に、受け身が上手い人の方が喋りが上手いイメージが俺はある。「受けてから何を返すか」みたいな。なんかこの人は能動的に、きっと自分では正しいことやってて、面白いと思ってるから。

大地：センスあると思ってるんだろうね。

大谷：多分受け身をやった方が。

二郎：多分スマホ見ながら「何か事件起きててほしいな、誰かが逮捕されてほしいな↓見つけた！↓辛辣なことを書き込む」っていう365日には、モテる要素が入り込む余地がまったくないですよ。

大谷：そうだよ。これを毎日やってたら女性にもそれをやっちゃうから。SEX終えてから一番やっちゃいけないことって「正しいことを言う」ことだから。

二郎：（笑）。

大谷：「いらない！　この会話！」と思って。この人は、ゴミ捨て場に行って、天気の話するところから始めた方がいいよ。「今日は天気いいですね」とか。

二郎：人と話した方がいいですよ。

大地：うん。ネットの中のコメントだけじゃなくて。

大谷：しかもオチがなくていいんですよ。芸人でもゴミ捨て場での天気の話を面白く落とせる人はほとんどいないんで。とにかくそこから始めて。ただひたすら会話のラリーを続けていくうちに、「面白くないのに付き合ってくれてるんだ」って気づくの。

大地：このコメントの人も承認欲求があるってことだよね。「いいね！」を押してほしいんだもんね。

二郎：今、若い女の子ってヤフーニュース見ないらしいですよ。ラインニュース見るんですよ。何でかっていったら「コメント読まなくていいから」。例えば好きな嵐（ジャニーズ）のニュースを見る↓いいニュースなのに、悪いコメントがある↓そんなものは自分の人生の中に要らない。ってその無駄な時間を削除するんです。

大谷：そりゃそうだよ。

二郎：ラインニュースにはコメント欄がないから。

大地：素晴らしい。同じニュースを見れるんだったら、当然そっちを見るよね。

二郎：若いキャバ嬢に教わったんです。「ニュースだけが知りたい」って。

大谷：キャバ嬢にそういうこと訊くんだから（笑）。そりゃあモテるよ。二郎はモテる。

二郎：やっぱり、おっさんおばさんは確実にヤ

大地洋輔

（おおち・ようすけ）1972年、大分県佐伯市出身。1994年に中学の同級生でもある現在の相方・大谷ノブ彦とダイノジを結成。コンビではツッコミを担当し、ぽっちゃりな体格を活かしたコミカルなつっこみに定評がある。'06・'07にはエアギター世界選手権で連覇を達成し、コンビでは「DJダイノジ」として全国の音楽フェスに出演するなど音楽業界でも活躍の場を広げている。

大谷 ノブ彦
（おおたに のぶひこ）1972年、山口県生まれ、大分県佐伯市育ち。明治大学卒業後、1994年に中学の同級生・大池洋輔と現在のお笑いコンビ・ダイノジを結成。05年「DJダイノジ」としても活動を開始し、邦洋問わず音楽だけでなく映画などのサブカルチャーへの造詣も深く、立命館アジア太平洋大学で非常勤講師を務めるなど幅広く活動している。

フーニュース。
大地：そうだね。
大谷：二郎はモテる。俺、夏木マリみたいな言い方してるけど、「二郎はモテる」。
大地：確かに夏木マリさんはそういう言い方するよね。
二郎：今はもう一切女遊びしてないですよ。
大谷：あら、そうなの？
二郎：子育てしてる間に母性が溢れて俺もレズみたいになっちゃった。「娘が起きてる限りは帰ろう」って思ってるんで。娘が確実に寝てたら、帰り何処か寄って帰ろうか、みたいな。でもだいたい起きてるんで。で、今娘が離れていってるんですよ。「パパとは寝ない」、ほっぺにチューしても嫌がる。だからあと2年ぐらい経ったらまた夜の街に戻れると思う。
大谷：(笑)。
二郎：じゃあ、さっさと書き込みをやめて、外出て、「こんにちは」って言えと。
大谷：うん。絶対やめた方がいい。天気の話しよう。面白くない話でもいいからひたすらやれ。
二郎：アメリカなんか行ったらレジの人が話しかけてきますからね。
大地：ねえ。「いい天気だね」とか。
二郎：「どこ行くの？」とか。初対面なのに。
大谷：それに何のオチもいらないから。それがいいんだよ。
大地：近所の方と喋るのは確かにすごく大事。これは奥さんに聞いたんだけど、一番使えるのは「思ったより寒いですね」「思ったより暑いですね」。
大谷：「思ったより」がいいんだ？ 俺が自分の経験で一番使えてるのは「ハッキリしない天気ですね」。どっち付かずが一番いい(笑)。答えは出さないほうがいいんだよね。
二郎：俺が地方行ったときよく使うのが、「東京より寒いですね」。
ダイノジ：(笑)。
二郎：「さっきまで東京にいたんですよ」「東京と今比べましたよ」って。
大谷：二郎ちゃんはタクシー運転手に話しかけられても普通に会話するもんね。
二郎：そうっすね。大した話はしないですけど。
大谷：それは俺、すげえ大事だと思う。あれもなんのオチもないんだよ。ただ乗客と会話をして空気を作りたいってだけだから、あれを「面白くないな」って審査したりしたらダメ。審査はしないほうがいいよ。
二郎：近所の人と喋って、近場のスナックでも何でもいいから、そこにいる女の人を褒める。
大地：「綺麗だね。昨日よりも綺麗だよ」って。「明日はわかんないけどね！ ドゥハハ！」みたいなね(笑)。
二郎：スピードワゴンの小沢さん見てればわかるじゃないですか。字面にしたら笑けてくるようなこと言ってても、結構女の子は喜んでたりするから。サラッとキザなセリフを言うと。
大谷：ちゃんとロマンチストだからあいつは。すぐワインとか持ってくるから。「お祝いしよう！」って(笑)。
大地：俺も「結婚しました」って言ったらお祝いでお店の人にワインもらって、お店のお客さんみんなに「大地くん結婚したからさ、一緒にお祝いしてもらっていい？」って。
一同：褒めよう！
二郎：ありがとうございました。
ダイノジ：ありがとうございました！
二郎：また読者から相談が届いたらお願いします。
大地：俺になんでも聞いてョ！
大谷：だけど大地さん、あんたモテてないからね！
一同：(笑)！

ハチミツ二郎×日出郎

日出郎さんに聞いてバルセロナ

♥オカマの語源は「陰間茶屋」

ハチミツ二郎（二：）今どう呼んでいいのかわからないですけど、俺なんかからすると「オカマ」って言葉がいちばん素敵だと思っていて、でも、それすらも今は使えなかったり。

日出郎（日：）そうよねー。「オカマ」って言葉をテレビで言っちゃダメな空気になって「オネエ」って言うようになったけど、結局はそれも浸透すれば、いじめの対象になるのよね。

二：何がダメなのかって思うんですけどね。一番いい言葉だと思うんです。オカマって。

日：オカマっていうのは本当に歴史がありまして、陰間茶屋からきてるんですよ。吉原に対抗して、男性が男性に体を売る「男娼」っていうのが江戸時代にあったんですよ。で、その陰間を人に言うのはちょっと恥ずかしいから、陰間を縮めてカマ、それにおをつけてオカマ。

二：だから浅草の裏の方って未だに……。

日：元々は浅草のほうにオカマちゃんが集まっていて。

二：そうなんですか。浅草の雷５６５６会館の裏って実は（新宿）二丁目みたいな感じですよね。元々は裏吉原みたいな流れなんですか？

日：そうですね。所謂「オカマさん」って男娼のことを指していたので。だから私たちの先輩の青江のママだとか、そのお店でナンバーワンだったカルーセル麻紀さんなんかも怒りますよね、オカマっていうと。「私たちは体を売ってないよ。芸を売ってんだよ。男芸者だよ」って言って。戦後の戦災孤児が溢れている時代、そういった子たちを集める親分みたいな人たちがいて。上野の不忍池の辺りに美少年ばかりが集められて、化粧したり口紅したりして売ってたのがオカマちゃん。女性は「パンパン」としてアメリカ人を相手にしてましたけど、一般の日本人男性は高級娼婦なんて、もちろん無理なわけですよ。そうなると不忍池のほうに行って…という文化があった。

二：地域的にアメ横の闇市の流れですかね。

日：二丁目も実は由縁がありまして。あの辺りは元々「内藤新宿」っていう宿場町だったんですね。そこに女郎さんたちがいっぱいいて、赤線青線になっていったんですよ。それが売春防止法で全部なくなって、ゴーストタウンになったんです。それで、敷金礼金をゼロにしたの。集まったのが、先輩たちがうるさいからと上野や浅草から二丁目に流れてきた若い子たち。ちょうど新宿駅から歌舞伎町の逆側に歩いてくる、っていうのが具合が良かったんでしょうね。そうやって二丁目という場所が栄えたって私は聞いています。

二：地方の人とかに聞くと今でもわからないって言いますもんね。外側はみんな普通のビルとか飲食店で、ちょっと入ったら急に街が。

日：そう。外側は普通。一本入ると急にオネエが出てくる。面白い街だなって思います。私が東京に来て初めて二丁目に足を踏み入れたのが37年前ですけど、三丁目までは色んな食べ物屋さんがあって、伊勢丹があって。末広亭があって。でもそこをもう一つ渡ると、急に暗くなるんですよ。怪しい雰囲気になって。街灯は今の十分の一ほどで仲通りなんか真っ暗でしたよ。その角っちょ角っちょに美少年が立ってるんですよ。自分がオカマだと自覚して腹を決めて家出してきた15、6歳の少年が二丁目に辿り着いて、ママさんだとかオネエさんに「あんた何やってんの？」って拾われるんでしょうね。皿洗いからグラス拭きから自分の子供のようにすべて一からママに教え込まれて、ママのお家に住まわせてもらう。所謂師匠みたいなもんなんですよね。完璧なる縦社会なので、どっかで繋がってるというか。みんな脈々と順番に繋がっているので。

二：舞妓さんみたいなシステムですね。同じオカマさんに従事して。

日：あとは…ニューハーフの世界でいうと、まずは500万円ぐらいバーン！　と渡されるんですよ。「直しに行ってらっしゃい」って病院も紹介してくれて。最初にやらされるのが女性ホルモン。次におっぱい。

二：ホルモンは保険利くんですか？

日：利かない利かない。まず打ってくれる病院がそうそうないから。今みたいにLGBTっていう概念がなかったので。

二：じゃあ、闇医者的なものですか？

日：そう。そういうお医者様をママやオネエさんが紹介してくれるの。じゃないと女になれない。当然それは睾丸摘出手術。「タマ抜き」ですよね。それから性転換。

二：それはモロッコまで行くんですか？

日：昔は先生がいなかったのでモロッコに行ってましたけど。あと「タイに行く」って言うのも実は方便で。優生保護法っていう法律がありますから。先生が捕まっちゃうとそのあとの人が手術できなくなっちゃうので、「どこで手術したの？」って聞かれても「タイでやりました」って言うの。

♥県庁所在地は女装バー所在地

二：俺は芸人になろうと思って15歳の時に単身岡山から出てきたんですね。それが1990年。でこっちの高校行って、周りの東京の友達とかはみんなマセてるんで、土曜日の夜とか「ちょっと二丁目通っていこう」っていうので91年ぐらいに初めて二丁目に行ったんですよ。

日：どうでした？

二：今言っていいのかどうかわかんないけど俺、定時制だったんで、年上の人もいたから普通に店入っちゃったんだけど。単純な疑問は、岡山では見たことなかったんですよ。あと原宿に女装したおじさんとかいるじゃないですか。

日：いるいる。キャンディ・ミルキィさん。

二：明らかに男の人なんですけど女装して山手

線乗ってる人とか。地方のそういう趣味の人とかはどうしてるんですかね？

日：女装パブっていうのもありますから、各主要都市には。県庁所在地が女装バー所在地じゃないですか。ただ「物足りない」「表に出たい」って人は、東京に出たほうが身バレしませんから。地方の人は出会いも大変でしょうね。

ニ：昔は特にそうでしょうね。よく生前の前田健さんは、地方営業に行く前の日に出会い系サイトに登録しておいて、ライブ終わりに落ち合ってましたけど。

日：私も宮崎に行った時に出会い系サイトで出会ったゲイの人、わざわざ写真の交換までしてさ、まだ携帯がガラケーの頃ですよ。ホテルまで会いに来てくれたの。ホテルに『日出郎ディナーショー』ってポスターが貼ってあるのを見て「日出郎が来るんだね」って言われて、でも私すっぴんだから向こうも気付かないし「そうだね、日出郎が来るんだね」って。で、夜泊まっていって、一戦交えて、朝になって一緒に朝ご飯を食べてたんですよ。そしたら他のオカマが降りてきて、「あっ、日出郎さんおはようございますう！」なんて言うもんだから、あれは恥ずかしかったわよぉぉぉ。

ニ：（笑）。

日：バレないことが多いんですよね、すっぴんだと。普通の人よりは遊びやすいかなっていうのはありますね。

ニ：今、芸人なんて風俗も怖くて行けないですよ。全部バラされるし。

日：嫌な時代だねぇ。

ニ：何で風俗行って晒されなきゃいけないんだよって。

日：ホントだよ。それが芸の肥やしなのにさ。それで失敗してさ、ブッサイクなのが出てこようがさ、ぼったくられようがさ、それもネタになるじゃない。

ニ：ＬＧＢＴの話に戻りますけど。言い方も気をつけないといけないじゃないですか。でもＬＧＢＴの奴に俺なんかデブって言われますからね（笑）。

日：そっちの方がよっぽど問題だよね！

ニ：デブもダメだろと思いますけど（笑）。オカマがダメでなんでデブがいいんだよ？　って。二丁目のところでバイクで信号待ちしてたんですよ。そしたら明らかにレズビアンの人が通りかかったんですね。通行の妨げにはなってなかったんですけど、邪魔に感じたんでしょうね。すれ違いざまに「デブ」って言われて。

日：えー!!

ニ：でも俺たちは別にデブって言われたっておデブちゃんって言われたってかまわないわけですよ。でも「オカマ」とか「オカマちゃん」て呼べなくなるのは悲しいなって。俺は芸人だから、面白いか面白くないかで判断すると、呼び方として一番面白いんですよ「オカマ」って。「面白い」ってすごくいいことじゃないですか。

日：言うても私たちも芸人ですからね。言われてナンボの商売ですから。それが「ダメだ」って言われるのはどうなのかなぁ。いろんな芸人さんに言われましたよ「日出郎で最後だったな、オカマってイジれるのは。そのあとは難しくなった」と。私はテレビなんかの発言でＬＧＢＴ団体にいつも叱られるんですけど。以前、とある番組で「日出郎さんは今まで何人ぐらいの方と経験がありますか」って訊かれた時に「１０００人はいってないと思うけどね」って答えたら騒然としたのよ。それを見たＬＧＢＴ団体から「ウチらがヤリ目的で二丁目に集まってると思われるから、そういう発言は控えてください」って叱られたんだけど、「私はそういう目的で新宿に出てきましたけど？」って思ったんだけどね。

ニ：（笑）それでいいじゃないですかね？　健全だと思いますけど。

日：いいじゃない別に！　何が悪いんだって。

ニ：だってモテたくてオリンピックで金メダル目指す奴もいるわけですから。あとはこの本で伝えたいのは、男子中高生がこれを読んでくれたとして、そういう気持ちがあると。それは保健体育で教わるわけでもないし、身内が教えてくれるわけでもないし。

日：教えてくれないもんね、こればっかりは。

♥ＬＧＢＴ限定「いじめられない方法」

ニ：ちょっと前にウチの番組に来ていただいたときに話してもらった、日出郎さんが高校生の

ときの…。

日：「いじめられない方法」ですよ！　もしコッチ（ＬＧＢＴ）の気があるなという男の子、女の子も。まず何をすればいいのかというと、番長格というか、いじめてきそうな奴がいるじゃない？　そこから狙っていくわけですよ。私なんかの世代だと大体ツッパってる人って浜田省吾か永ちゃん（矢沢永吉）が好きだったので。私は中森明菜が好きだったんだけど、「浜田省吾のニューアルバムが聴きたいわぁん。聴きに行っていい？」って甘えるわけですよ。

二：向こうはどういう態度なんですか？

日：「え？　う、うん。いいよ」みたいな感じで。「じゃあ、土曜日行っていい？」って。

二：まあ言っても同級生ですもんね。

日：「バイク買ったんだって？　いいなあ。見たい見たい！」とか。本当はバイクなんて全然興味ないんだけど「見してー！」って言うと男の子とか喜ぶじゃん。「じゃあ見してやるよ」みたいな感じで泊まっちゃうわけですよ。今こんなこと言っていいのかわかんないですけど、時代が時代なんで「カンパーイ！」って一緒にお酒なんか飲んじゃって。段々と男の子がいい感じに酔っ払ってきて。まだ16歳とかですから、密着してスリスリとかしてると摩擦でね、ギンッ！　ってなるじゃない。そのなっちゃったモノを…ぱくっ!!　っていただくんですよ。

二：いただくんだ（笑）。

日：「おい！　ちょっと！　ダメだ、ダメだって！」とは言うんですけど。

二：相手はまだ女性経験ないんですか？　彼女いたりしないんですか？

日：もちろん彼女がいたりするんだけど、やっぱり彼女より巧いんでしょうね！

二：日出郎さんは、それ以前に経験はあったんですか？

日：もちろんありました。例え向こうに彼女がいたって大したプレイなんてしたことないのよまだ童貞捨てたか捨ててないかぐらいの年齢ですから。でもこちらはすごいバキュームとか、レロレロとか、いろんな技を使って気持ちよくさせるじゃない。だってイチモツが好きなわけですから。

二：イチモツですか（笑）。

日：愛してますから。他の人のモノを見れた触れた！　ってだけでこっちは興奮してるわけですから。別に触ってもらいたいとも思ってないし、イカせてあげることに喜びを感じてるから相手も「やめろよ！」って言いながらも段々とこっちに身を任す、みたいな感じになってくるわけですよ。で、ぱっくん！　っていただいちゃって。そうすると次の日からは違いますよね。もう当事者になるわけですから、その子も。私は当時から口紅塗って学校行ってましたから、周りから「なんだお前、女みたいな格好して」って言われるんですけど、その日からその子も「お前ら、そういうこと言うのやめろよ」って抑える側になるんですよ。で、私は番長だけじゃなくて、その対抗勢力も喰ってて、最終的に生徒会長も喰ってるから、学校中が私の手の内ですよ。

二：もう番長を超える存在、エンペラーみたいになってるわけですね？

日：それはちょっと言い過ぎだけど。でも私が「ああいうことはよくないと思うのよね」って言うとあの子が動くから(笑)。

二：少なくとも番長の上に入っちゃってますよね(笑)。「親方よりおかみさんの方が強い」みたいな。

日：SEXはイジメを制します!!

二：日出郎さんは男子校でしたか？

日：共学。生徒数は男女半々でしたね。なのに彼女がいる子からもオファーがありましたね。

二：日出郎さんに対して女生徒はどんな感じで接してたんですか？

日：お化粧をお互いに教え合いっこしたりしてましたね。

二：へえ。日出郎さんはもう小学生の頃からそういう感覚があったんですか？

日：ありました。初めて好きになった子が…今すごい遠くを見つめてたわね、私。初恋だから五十何年前を思い出してますから。

二：(笑)。

日：半世紀前だもの。7歳か8歳ぐらいの頃だと思うんですけど、小学校の時ってなぜか足の速い子を好きになるのよ。その子のことがずーっと好きで、しょっちゅう一緒に遊んでて。で、5年生ぐらいになると、だんだん男女の交換日記が始まるわけですよ。その子が私に「交換日記しない？」って言うから「いいよ！」って。男の子の方が子供じゃない？　意味があんまりわかってなかったんでしょうね。中学校でも一緒に軟式テニス部に入って、ペアを組んで市の大会で優勝しちゃったんですよ。中学一年生なのに。その後の府大会ともなると強い人ばっかりなんですよ、3年生ばっかりだし。1点も取れずにボロボロに負けて彼も落ち込んで。「ごめんね、僕のせいだね」って私が謝ったんですけど「そんなことない」って彼が言って。お互いそんな感じで慰め合っているうちに…体も慰め合っちゃったのよ！

二：ぱくっといっちゃったんですか(笑)。

日：ぱくっといっちゃったの！

♥電気あんまで潮を吹く

二：そういえば俺が小4のときに斉藤って奴がいて、最初は普通にしてたんですけど、やたらとほっぺにキスとかしてくるようになって。

日：ほらほら！

二：みんな「やめろよー」とかいってたんですけど、そのうちそいつが抱きついて口にチューとかしてくるようになって。彼はおそらくそうだったんですよ。それで当時、電気あんまが流行ってたんですよ。友達みんなでふざけてたんですけど、斉藤だけ電気あんまをずーっと食

日出郎

(ひでろう) 1964年、京都府舞鶴市出身。ダンサー・歌手・タレント・声優・俳優・ドラァグクイーン・経営者など活動は多岐に渡る。愛称はヒデリン、ヒデピョン。1982年「ギャルソンパブ」でショーダンサー・デビュー。強烈な厚化粧と奔放な発言で大ブレイクを果たした90年代バブル景気時代を代表するオネエタレント。実話を基にした「友人代表」「ガン降りの雨」や石野卓球によりリメイクされたデビュー作「燃える！バルセロナ」などの楽曲が好評配信中。

らってるんですよ。薄目で(笑)。
日：気持ち良かったんだねえ！
二：5年生か6年生の頃、休憩時間に黒板の下で斉藤が誰かに電気あんまをやられてたんですよ。で、先生が来た瞬間に、短パンの学生服だったんですけど、「ジョー！」って漏れるんじゃなくて、「ブワー！」って斜め上に放出される感じで。
日：あらぁ！！
二：今考えたら潮吹いてたんじゃないかなって。担任は何やってもすぐに怒るおばさんの先生だったんですけど、なぜかそのときは怒らなくて。スッと「掃除しましょうね」って。電気あんまやってた方もいつの間にか席に座ってて(笑)。やられた斉藤だけがトイレに着替えに行って。当時はわかんなかったけど大人になって色々知って、あの日のことを考えると…。
日：確実に潮吹いてますね斉藤くんは。男の人が潮吹くのって、ちゃんとイッてからですから。
二：そうなんですか。じゃあ小6だったらあり得ますよね。
日：潮吹けたのって羨ましいなあ！　気持ちいいんですよ。イッた後ってさ、亀頭触ると「こそばゆいからやめて！」ってなるじゃん、あれを続けると潮吹けますから。だから斉藤くんは絶対イってるよ。潮吹く前に。
二：潮吹いて、生徒会長に立候補して、潮の影響なのか落選して、引っ越していった(笑)。
日：でも、羨ましい！　小学校6年生で潮吹いて。今頃二丁目に出てきて大活躍してるかもしれないわよね。それか大阪の堂山あたりで。潮吹きおじさんとして。
二：ねえさんかもしれない。

エロ本世代

日：でも今さ、こうやって対談してて思うけどさ、やっぱり私たちの世代ってさ、エロ本で育った時代じゃない。
二：まさにそうなんですよ。
日：誰が落としたかわからないエロ本をさ、「うわーすげえ」って広場とかでみんなで回し読みしてさ。
二：自分のお母さんより年上みたいな。
日：そう。よく考えたら熟女だったんだけど、みんなああいうのを見て興奮してさ。で、私は興奮してる男の子を見て興奮してたのよね。
二：少年時代は女性の裸とか興味あったんですか？
日：興味ない。だから血眼になってる少年を見て、私は興奮してたの。
二：じゃあ、今の高校生にも、まだ自覚はないけどエロ画像見てて「なんか男の方に目がいってるな」っていう子がいるかもしれない。
日：いるかもしれないね。
二：でも、全然それでいいんだと。
日：いいんだよ！　どっちも楽しめば。もし男性の方に目がいっちゃうんだったら、いっぱいありますから、今。写真もあるし映像もあるし。エロいっぱいありますから。でも紙媒体で無くなっていくのが寂しいよね。男のエロも。
二：だからこうやってとりあえず一冊作って。
日：そうよ、あなたも脱ぎなさいよ！
二：(笑)。一冊目が売れたら二冊目で。
日：あなたさっき「デブ」って言われて傷ついた話したじゃない。二丁目で「デブ」は褒め言葉だからね。デブ専バーだってあるんだから。
二：だからあんまり行かないんですよ。デブでヒゲだとモテるって言われるんで。
日：モテるでしょ？
二：だから俺もう10年ぐらい行ってないですけど、やっぱり言われますもん「ケンコバさんとあなたはモテるわよ」って。
日：そうだね。二丁目で「私ハチミツ二郎とは友達よ」って言うと、すごく羨ましがられるもん。太ってて困ることなんてないでしょ？
二：ないです。俺今より40キロぐらい痩せてたことあるんですよ。その頃と今とモテかたが違うかっていうと何も変わらない。何だったら「痩せようモテよう」ってカッコつけてた時のほうがモテてないですよ。
日：何だろうねー、ギラついてるときってダメだよねー。彼氏がいて余裕があるときに限って他からオファーがどんどん来るっていうか。それはウチらの世界でも一緒かなあ。
二：少年たちがラグビー見てソワソワしても、何ら気にすることはないと。

日：ないです。

♥「ガン降りの雨」

日：私の友達で、ずれやまズレ子っていう相方がいるんですけど。
二：ずれやまズレ子先生！
日：ずれやまズレ子なんかは、エロい目でしかオリンピックを観てませんから！
二：(笑)。ずれやまズレ子先生を読者の人にお伝えしますと。
日：一緒に歌謡ユニットを組んでて、シングルの曲とかを作詞作曲してくださってるシンガーソングライターオネエなんですけど。
二：ずれやま先生の「ガン降りの雨」っていう曲がありまして。その歌詞が…。
日：惚れて惚れて掘られて掘られてふられて♪
二：「惚れて、惚れて、掘られて、掘られて、ふられて」ですよ(笑)。素晴らしい歌詞だと思いますよ。しかも「ガン降り」っていうのも隠語なんですよね。
日：(笑)。そう。「ガン掘り」の。
二：この曲はこれを読んでいる皆さんにもぜひ聴いて欲しいですよね。
日：今も配信サイトなどで聴けますのでよろしくお願いします。CDもまだアマゾンとかでは買えると思いますので。
二：両A面のもう一曲のタイトル何でした？
日：「友人代表」という好きな人の結婚式に呼ばれたオネエが、スピーチを頼まれたときの気持ちを歌ったものなんですけど、ずれやまズレ子なかなか良い曲書くんですよ。こわいよずれやまズレ子は！
二：(笑)。次回、第二号を出す時はぜひ、ずれやまズレ子先生を交えて。
日：ずれやまズレ子をインタビューしていただきたい。私と違って、あの人はずーっと隠してきたんですよ。40代デビューだから。演歌の世界というか、風雪に耐えてきたんで。耐えて忍んで、ずっと自分がゲイだと言えずにサラリーマンをやってきたことで、あの詞の世界が出てくるんですね。
二：掘られて振られるんですよ(笑)。
日：最終的には振られるのよ。そこが、ずれやまさんが感じさせる哀愁ですよ。ぜひ次回はズレ子さんと二郎ちゃんでお話をしてほしいなぁ。合うと思うんだよね。ホントの意味での苦労した芸人。私なんか苦労してないのよ。
二：俺は至ってノーマルで…人と違うことといったら、8Pしたことがあるぐらいで。
日：ギャハハハハ！　それアブノーマルよ？
二：自分は他の人と違うって気にしている人に俺が唯一言えるのは、「マイノリティの君は天才かもしれない。芸術家肌かもしれない」と。それだけは俺、色んな人見てると思いますね。自分がズレてるんじゃなくて、人より斜め上いっちゃってると思えばいい。
日：そこまでは言わないけど、まあ仰る通りで、もし私がオカマじゃなかったら、ただのヒョロっとした青年だったと思うけど、それが「男が好き」っていうことを人目を憚らずテレビで言うのが面白いから注目されたわけであって。
二：今じゃもう、所謂オネエ、オカマの人がテレビに出てない時間がないぐらい。朝も昼も夜も深夜も出る。
日：もうみんながだんだん受け入れちゃったからね。だから私みたいな不良オカマはダメなのかなぁって。
二：俺も思いますもん。「オカマじゃないから売れないのかなぁ」って。
日：(笑)なるほどねぇ。視点は同じだもん。なんだろう？　この二郎ちゃんのマイノリティな目線ていうのはどこから来るんだろうね。
二：まぁちょっと話長くなるんですけど、今俺、レズなんですよ。
日：へぇー。
二：目線がレズになったんです。これはちょっと話長くなるんで(笑)。子育てとかしてるうちに。お母さんになって。
日：じゃあちょっとこっち側の気持ちもわかるようになったのね。母性的な。
二：だから最近の氷川きよしの違いにも、すぐに目がいきますよね。
日：もう隠してないですからね。すごいよね。
二：貴重なお話をありがとうございました。
日：いえいえ、嬉しいです。

インタレスティングたけし特別インタビュー

インタレスティングたけし

1979 年、富山県出身。無滑舌お笑い芸人・映画監督・バンドと多分野で活動中。バンド名は『ザ・ワイルドパインコーン』。よく歌う曲はビートルズの「A Hard Day's Night」。昨年 11 月には TOKYO MX が放送する『5 時に夢中!』にて" 地下ゾンビ芸人" としてインタビューに挑戦。初監督作品『スーパームーン』は歌あり、ダンスあり、オカマあり、笑いありの新感覚ラブコメムービー! Amazon、タワーレコードオンラインにて絶賛販売中!

ハチミツ二郎(二:) お願いします。

インタレスティングたけし(た:) どっどどどどっどうおうおももおおお願います。ふふ。

二: たけちゃんはどもりをお持ちなワケですけど。

た: どどどど(笑)。おへへへへ。

二: どもっていることに悩んでいる男子中高生もいると思うんだよ。だから、たけちゃんから、どうやって今みたいな、女とやりまくるような生活になったのかを。

た: おおおおおんんんなななととやりまやててないやってないっぜぜえっぜん。

二: 後輩たちに教えてあげてほしい。

た: ああああっまっまぁ、そういうぅ…何かそういうぅぅエピソード、エピソード?

二: 今までどういう苦労があったとか。

た: あの、とととりあえっずまっあ、の、いつつつももやっぱおお女の人の前だともっと緊張するんで、あの、でできないんで、ふふ。それを壁をの、乗り越えるために苦労しました。

二: どうやって乗り越えたの?

た: っぁあ、の、ま、あ、あのーおおっおさっおお酒飲むとぉ、まあ、結構緊張ほぐれま、ほぐれま、ほぐれるんで、ままあ、とりず、はっはなしはまぁでっできるんですけど。

二: お酒飲むと、言葉もゆっくりしてくるの?

た: まあ、あああぁ、どどどど、たしょ、多少ええ円滑にはなると、へへっ、へへっ。

二: へー。それ藤原組長みたいだね。

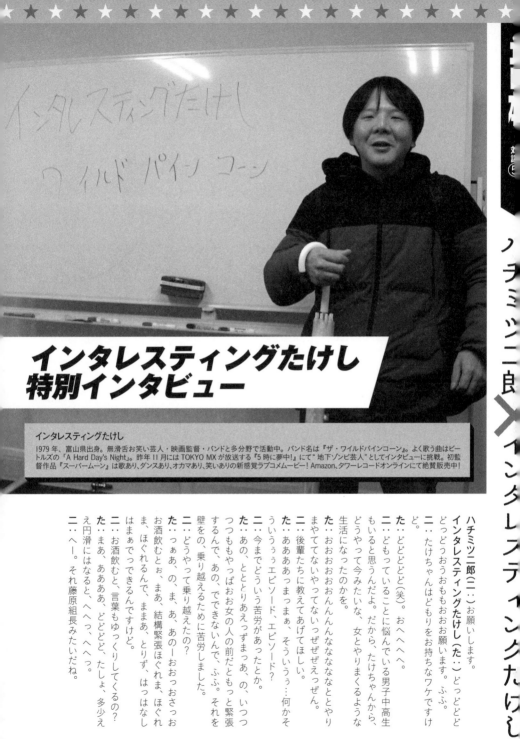

た：っあう、ふぁ、藤原組長さん。おあー、そっそれは、まっまぁでも、あの、それぇ、お俺もライヴ出た時ああって、それ、ずっとお酒を飲んで出てみろってずっと言われて、出たら、ああの飲み、飲んだら飲む量間違えて、へへ。べロべロになって出てささ最後ねね、寝ちゃったっていう(笑)。失敗ありましたけど。ふふ。

二：2割ぐらいしか聞き取れなかった(笑)。

一同：(笑)。

た：っあああああ、まじでぇ。あの、ののの の飲みっ飲み過ぎるとし失敗するっていう。

二：初めてお付き合いした人は?

た：あの、僕、っも元々ギギギギギターをひひ弾いてて。そっそれで、すすストストリートでやってたんす。っそその時に、たた立ち止まった、その、おおおん女の子がぁ、あのちょっとな仲良くなってぇ(笑)で、あのー、うんうんと僕の音楽ずっと聴いてててくれて、っそそれでまままま毎日来る度に聴いてくれたんで。

二：へー。

た：それでホントに、それでちょっと話し掛けてみようかなって思って、ふふ。話し掛けたんですけど、何かそそその人、あの、にほ、日本人じゃなくてたた台湾人の人だったんす。

二：はあ。

た：あのー、そそれで、まあぁーその、あっちあっちは日本語喋れるんです。日本語学校に行ってるんで。だからっ一応会話できて、それでそそその人が言うには、日本語のっぺべべべ勉強したいために、僕とずっと仲良くしてたらしくて。そそれでまぁ一緒に、だから、ホントに、付き合っ付き合ってくれた。遊んでたんですよ。で、ああある日、「ちょっと、もうちょっとゆっくり喋って」とか言われて(笑)。それで何かーあの、言われたんで、なななんだと思ってたら、その後から音信不通になっちゃって(笑)。

二：あー、そう。

た：はい。だから、にに日本語をべべ勉強ししてるうちに、ぼぼぼ僕の日本語がちょ、ちょっとおかしいなって、ふふ、き、き気付かれちゃった(笑)。そそそれでフフラれちゃった(笑)。はは初めて、あの、付き合ったっていうか。

二：それ、どこまでいったの?

た：あああああの、一応お酒飲んだりして、ああの、ううーんと、ちゅちゅちゅちゅチューまで。ふふ、ふふふ。

二：あ、そう…SEXはしてないんだ。

た：あ、ああはい。ぜぜ全然でできなかったっす。そん時は、そん時はね。はい(笑)。

二：どういう歌歌ってたの?　カバー?　オリジナル?

た：あああの、ミミミミスチルを。

二：ミスチル?　ちょっと歌ってみて。

た：トゥ、トゥ「Tomorrow never knows」?

二：うん。ちょっと歌ってみて。

た：とどまることを知らない時間の中で〜♪

二：歌はどもらんのかい!

た：っははははい(笑)。だだだだから、あああれです。モテ、モテ期がちょっとあったんです。

二：不思議なんですよねぇ。じゃあその後は?　女性。それ何歳の時?　弾き語り。

た：あ、ああああああと、あとは、っそそそれは、20歳ぐらいですかね。うん。

二：たけちゃんは今何歳なんだっけ?

た：今もう、よよよよよよ40、40歳です。

二：40歳。

た：あとは、なんだ、なんだったっけ…む、昔っすっ好きだった人に急に、ユッユユユユユユYouTubeをと、通して、メメメールが来て、それできゅっ急に連絡先交換して。つつ付き合うまではいかなかったんですけど、そそそれでおお「お金貸してくれ」って言われたんで(笑)。

二：はぁ…(笑)。

た：なんか「貸してくれ」って、じゅ10万あったんで、かか貸してあげたんですよ。

二：10万も貸したの?

た：はははい。な、なななにも、何もそれから連絡なくなっちゃいました(笑)。んふふ。

二：YouTube通してメールってどういうこと?

た：ユユYouTubeからここコメントが来て。それでフェフェイスブップックにも、メッメッメッセージが来たんでやり取りしてたら。

二：キスとかもしてないんでしょ?

た：はい。ええっと家に来たんです。だだから、ここの後からっここ交際に発展するの?　って。ななな何もなく、10万かか貸してお終わっちゃいました。ふふ。

二：へー。それ以外は？

た：ぁあとあと、あああとはててテレビ初めてで出た時にちち地下、地下アイドルたちが急にぽぽ僕のツイッターをふぉふぉフォローししてきて。そそれでつ、付き合ったまではいかないすけど、メメメッセージややり取りしてました。

二：誰とも付き合ってねーじゃねーか(笑)！

た：へへ、へへ、はい(笑)。へへ。

二：あれ、じゃあSEXはしてないの？

た：うーんと、よよよっぱ酔っ払うと、きききおきお記憶がなく、なくすので(笑)そそそういう何かあああったかもしんないす。ふふ。

二：酔っ払ってない時にやれたことはないの？

た：あ、はははい。はい。

二：じゃあ、どもって困ってる後輩たちには「酔っ払うしかない」と？

た：はい。そそう。じじじ自分のきっき記憶をなくせって(笑)。そしたら、ゆ、夢の中でもももしかしたらやれてるかもしれない(笑)。

二：やってるかもしれないし、40年間一発もやってないかもしれない？

た：はい。ふふ、ふふふ(笑)。

二：へー…風俗とかは行かないの？

た：っあ、ああの、いい行きます。むむむ昔、ここコンビをく組んだ時があって、とっととと年上の先輩だったんす。そ、その人に「今までソソソープには行ったことがないのか」って言われたんで。

二：ラランドみたいに言うな。

た：「ないっす」って言ったら「金貸してやるから今すぐ行って来い」って言われて。ふふふ。

二：へー。

た：しししし渋谷、渋谷のかっかっかっ！　か角海老に行ってきました。

二：あ、交番の所？

た：はい。そうです。そしたらあああああゆ、浜崎あああゆみの女の子にああ当たって。

二：浜崎あゆみの女の子？(笑)

た：はい。あ、あああああああゆじゃないかってぐらいの。

二：え？

た：それできゅ急にエエエレベーター入った瞬間にチチッチッチンコ握られて。びび、びっくりしました(笑)。

二：あゆみたいだったの？

た：あっあああゆ似、っはい。そそうです。

二：それで？　部屋入って、でも初めてだったらすぐイッちゃったんじゃないの？

た：はい。すすすすぐイッちゃいましたね。

二：どういう風に出たの？

た：も、ももう、ホッホホホテルがせせせ精液まみれになるぐらい。ふふ、ふふ、ふふ。

二：ホテルが精液まみれ？　ソープに行ったんでしょ？

た：はい。いいい今までのった溜まった、たた溜まったものをだ出したみたい(笑)。

二：そう。ソープの部屋が？　精液まみれに。

た：はい。へへ部屋の中に。

二：それ何て言ったの？　あゆは。

た：ぁあああゆは「サッサッササササイコ～～！」って。

二：あぁそう(笑)。

た：「リッサササイコ～～！」って。あっあああああゆは言って(笑)。ふふ、ふふふ。

二：あゆ最高だったの？　だって、自分がイッただけでしょ？(笑)。

た：ああああゆは、あゆは…。

二：たけちゃんが最高じゃなきゃいけないじゃん。あゆは最高じゃないじゃん(笑)。

た：ぼぼおぼぼぼ僕も、僕もささっさささ さいこう、最高だったです(笑)。

二：へー…それが初めて？

た：ソソソソープランド初めてです。

二：童貞を捨てたのがソープランドってこと？

た：うーんと、そうですね。たぶん。

二：でもそれは良かったね。いい子に出会えて。

た：はははい、ああああゆと、あゆとヤッたっていう。

二：あゆとはヤッてないでしょ。その後は通わなかったの？　その子の所に。

た：あ、そ、あ、そのあとはあのう、ななななんでどもってんの？　とか色々訊かれて。「す、すすすすいません」とか言って(笑)。

二：通わなかったの？　お金貯めてまたその子指名してみたいな。

た：ああえとおかお金あんまなかったんで(笑)。ああのいか行かなかったですね。ふふふ。

二：お金あったら行ってた？
た：もうまままい毎日行ってましたね。
二：あゆは何て言ってたの？
た：ああああゆは「まままたまたまた来てね」って。「まままままた、また、よよよろしくぅ！」って。うふふ。ああああゆっぽく(笑)。
二：「サイコ〜〜！」って言って欲しかったんだけど(笑)。たけちゃんイッた時にあゆは何て言ってたの？
た：ぼぼぼぼぼ僕がイッたとき？
二：何て言ってたのあゆは。
た：えっと、ええっと、ささざ、えっと、「も、も、も、も、も、もう一丁！」って。
二：あゆが「もう一丁！」なんて言うかよ(笑)！
た：んふ、んふふふふふ。
二：「もう一丁！」って言ったの？　あゆが？　時間内だったら何回やってもいいってこと？
た：あ、はい。んふふ。そうですね。ふふふ。
二：で、もう一丁いったの？
た：あ、そ、そ、そのもももももももう一丁いこうとしたんんですけど、ちょっとあのききききき緊張し、しすぎてできなかったです。
二：もう一丁いけなかったんだ。一発目でもう全部出しちゃったってこと？
た：あい。い、いまいま今までのも、ものを全部だし出しちゃったんで、はい。ふふふ。
二：それ何年前？
た：んんそそそれは25だったんで、えともうえとんんだからににじゅんんんとあの…。
二：15年前？
た：じゅ、15年前ですか。んふふ。
二：あとは何かないの？　モテたこととか？
た：よよよよ幼稚園の頃モモモテましたね。んふふふ。あの、んと、お、おまおまままおまんこっ、おまま、おままごとを、あ、あのハハハハシゴしてました。んふふ。あのあのまま周りにおお女の子がいいっぱいいたんで。
二：最後に何かメッセージあげてよ、どもりで悩んでる中高生に。
た：どっどどどどもってても、ややややややりたいことをずっとややり続ければなな何かはちゃちゃチャンスがくっく来るんすよね。やっぱね。仕事に対しても「どど、ども、どどどどもってるからいいや」ってお思ってああきああ諦めちゃダメ。すす好きな事ややり続けるのはだだだ大事なんす。もももももし一般のしごし仕事で、もしせせせいしゃしゃ社員になりなさいとか言われても、ずずずっと趣味でも良いからややややり続けようと僕はおも思ってますね。ぜぜ絶対に辞めようなんて考えてないんで。ややややっぱぼぼ僕の原点はげげ芸人なのでやっぱ、ややや辞めたらダメですよ。
二：じゃあもう好きなことやっていくしかないってことだね。メッセージはね。
た：そそそうです。はい。すす好きなことをややや辞めずにつつ続けるのがだ大事なんです。
二：どもってても何も関係ない。
た：そそうです、はい。そそそそしたらお応援してくれる女の子が来て、いいっいっぱいいいっぱいコレができるっていう(笑)。
二：でも、あなたやってませんよね？
た：はいい(笑)。
二：やってないですよね？
た：あふふ、ふふ。ふふ。
二：でも、あゆは何て言ったんだっけ？
た：あ、ああああゆは「サッサッサササイコ〜〜！」って。
一同：(笑)。
二：じゃあそれで良いですね(笑)。ありがとうございました。
た：はい。ふふ。
た：そそそう言えば、ハチミツさんって、たた高野さんなんですね。ぼぼぼ僕も高野なんす。
二：そうなんだ。へー。
た：だからしし親近感、親近感あります。
二：お父さんはどこの人なの？　藤沢が地元？
た：とととと富山です。おおお父さん。
二：俺も富山だよ。俺は岡山出身だけど、親父の家系、ウチの一族は全員富山。
た：ええっえっえ！　ままっまマジすか。
二：やべぇこれ、親戚かもしれない。
一同：(笑)。
二：終わった後にぶちこんでくるなよ！　ありがとうございましたの後にぶちこんでくるな！
一同：(笑)。
た：すみません(笑)。

個撮に行こう！

撮影
ハチミツ二郎 × 春野恵
モデル

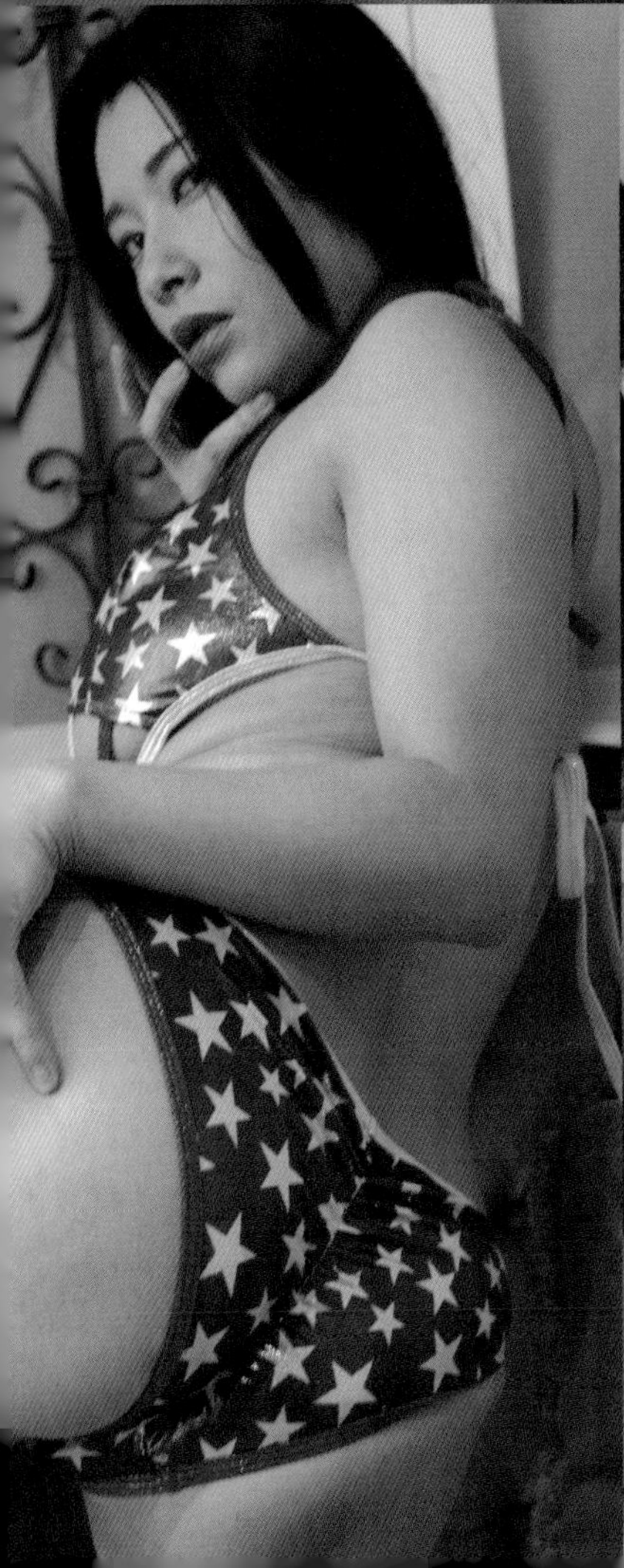

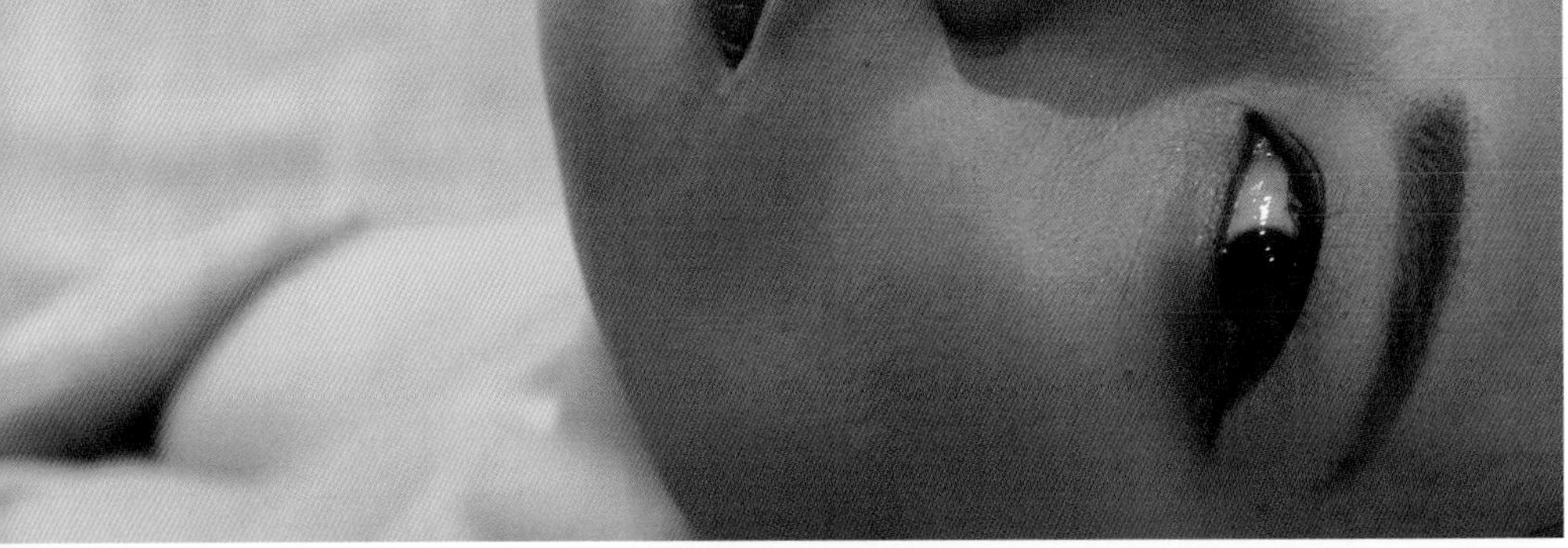

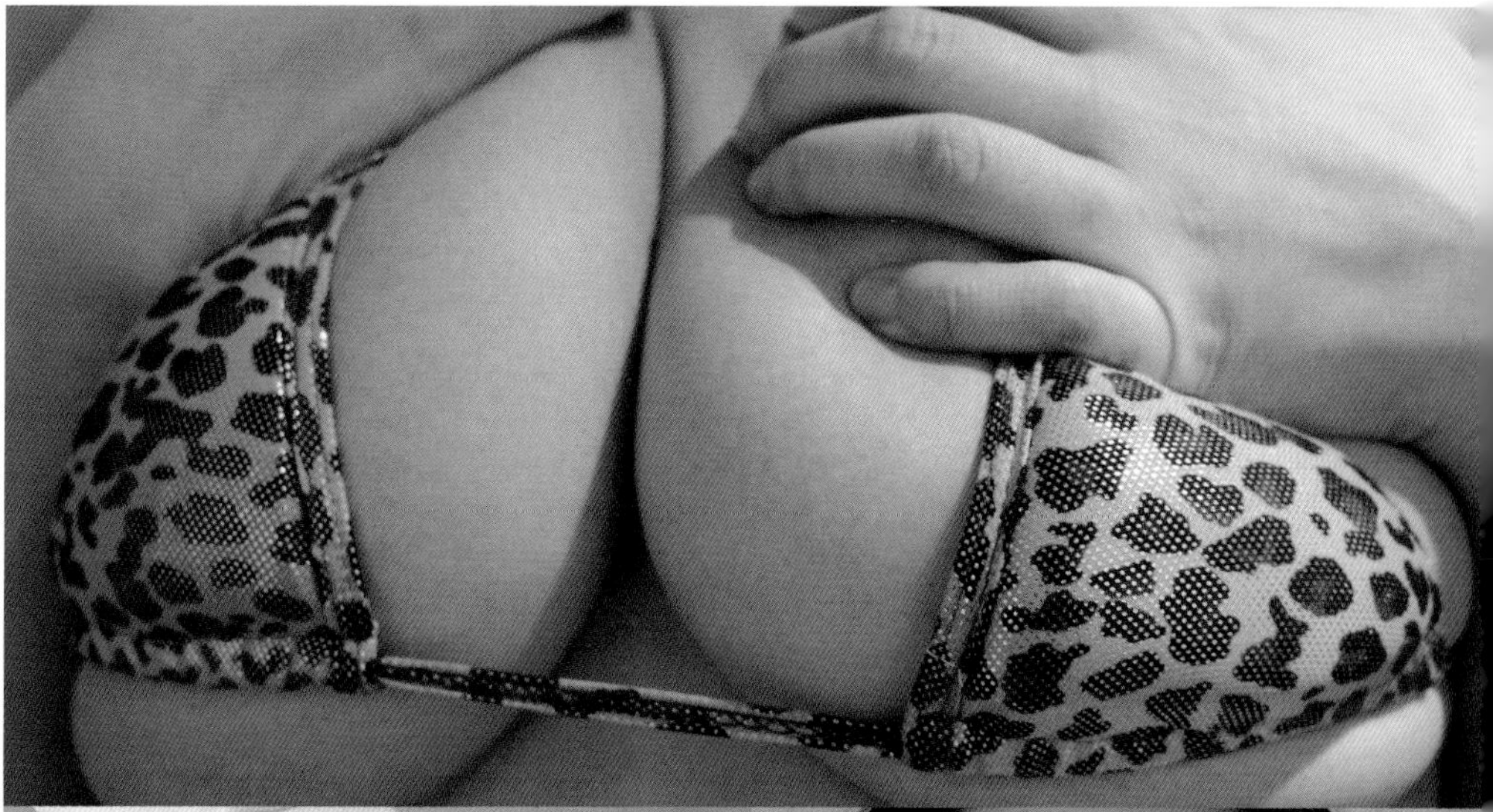
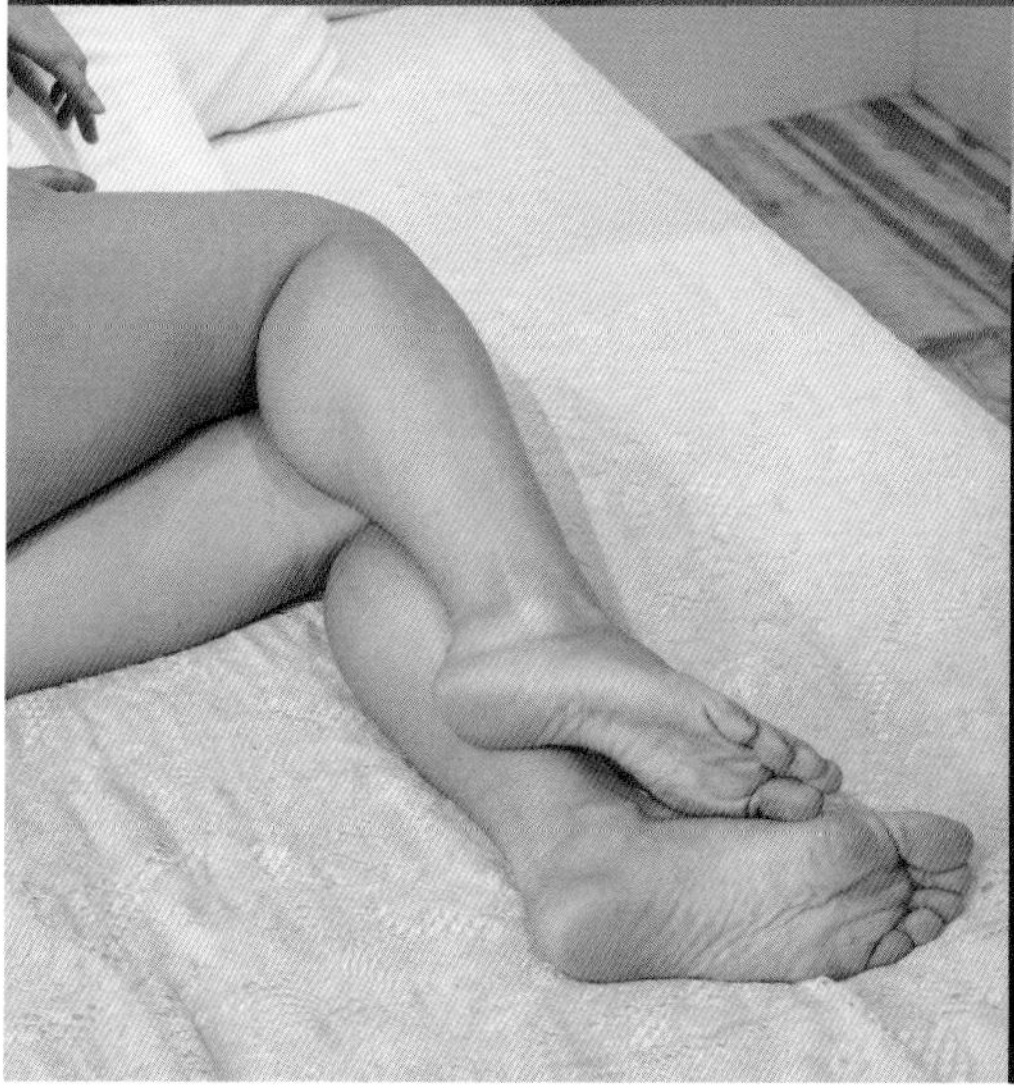

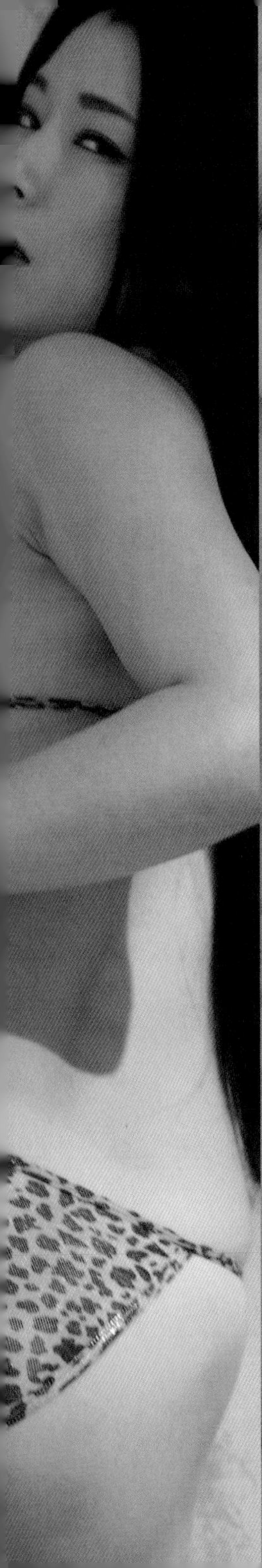

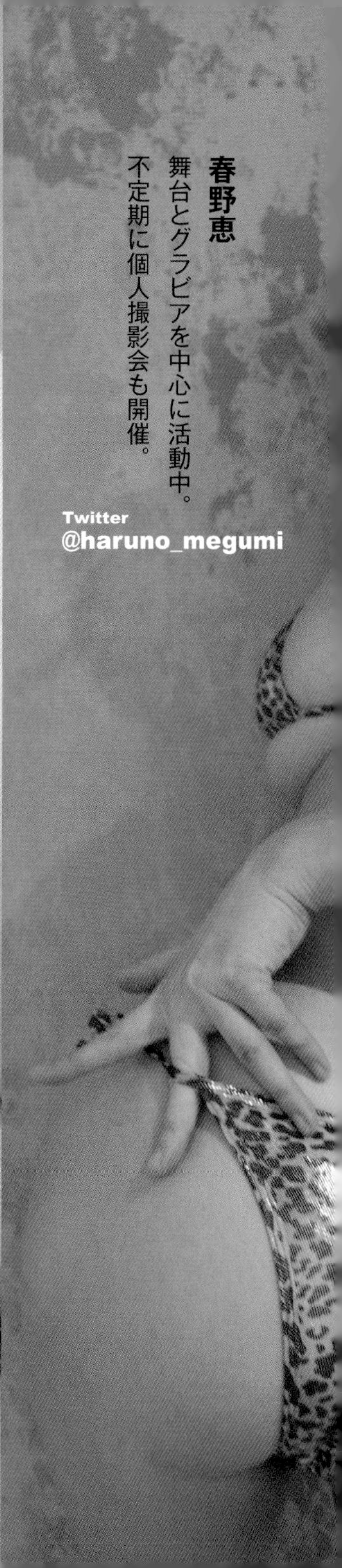

春野恵

舞台とグラビアを中心に活動中。
不定期に個人撮影会も開催。

Twitter
@haruno_megumi

ミス東スポ2019準グランプリ
小林マイカ見参
Twitter
@kurosaminyan

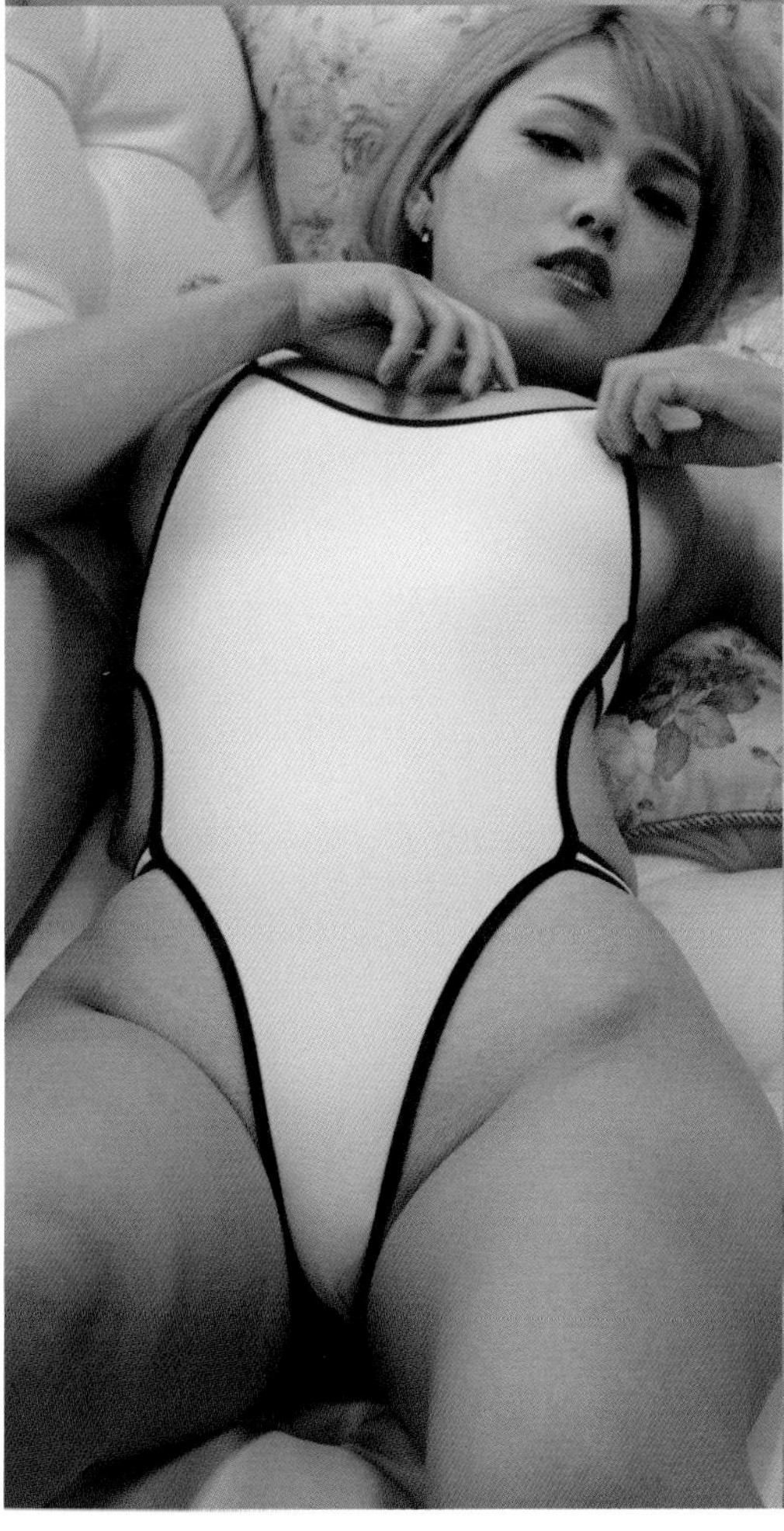

彼女は、泣いていた…。

ロシアより
絶対に笑わない女
緊急来日
エメリヤーエンコ・ヴァレンタリッチ

ネグリジェ
（アイリッシュストロベリー）

¥1,990

フリルランジェリー
（ホワイト）※ブラのみ

¥980

花占い

ヒョードル

プーチン

ヒョードル

ヒョードルかぁ

プーチン

ヒョードル

カモンベイビー アメリカ

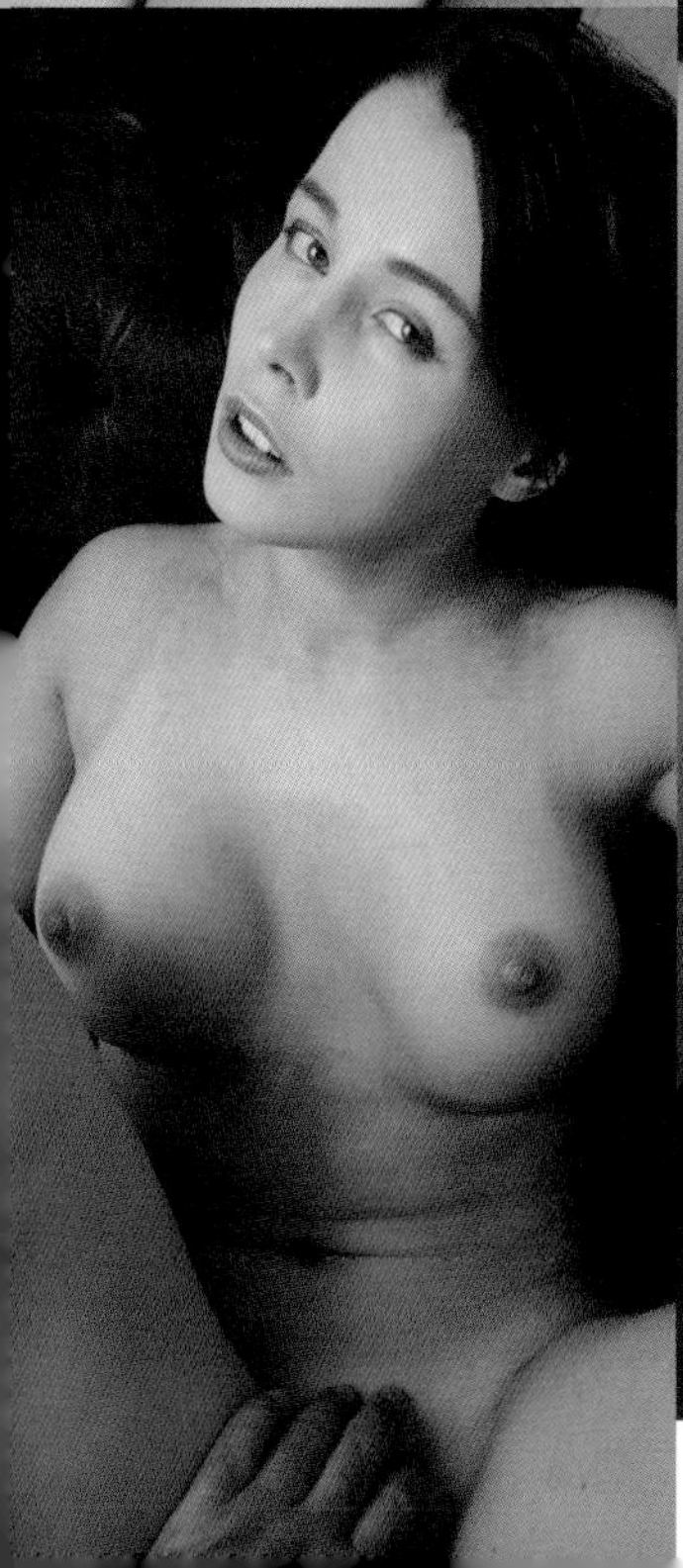

もぐもぐタイム

スパシーバ

あの柔道女子が脱いだ

星野さん
折っちゃっていいんスか？

決まったぁ〜〜〜〜〜
肥卍固めー！

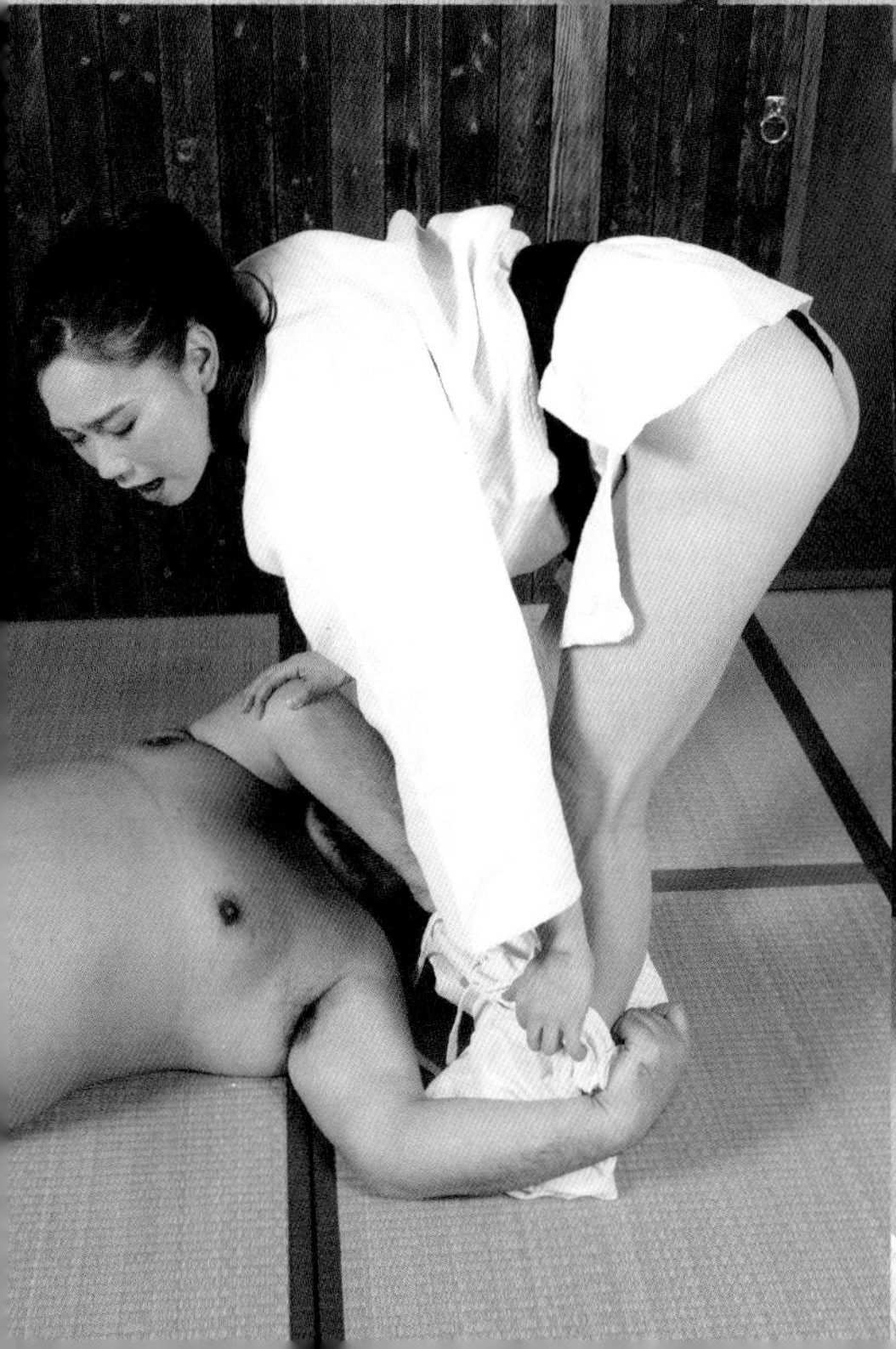
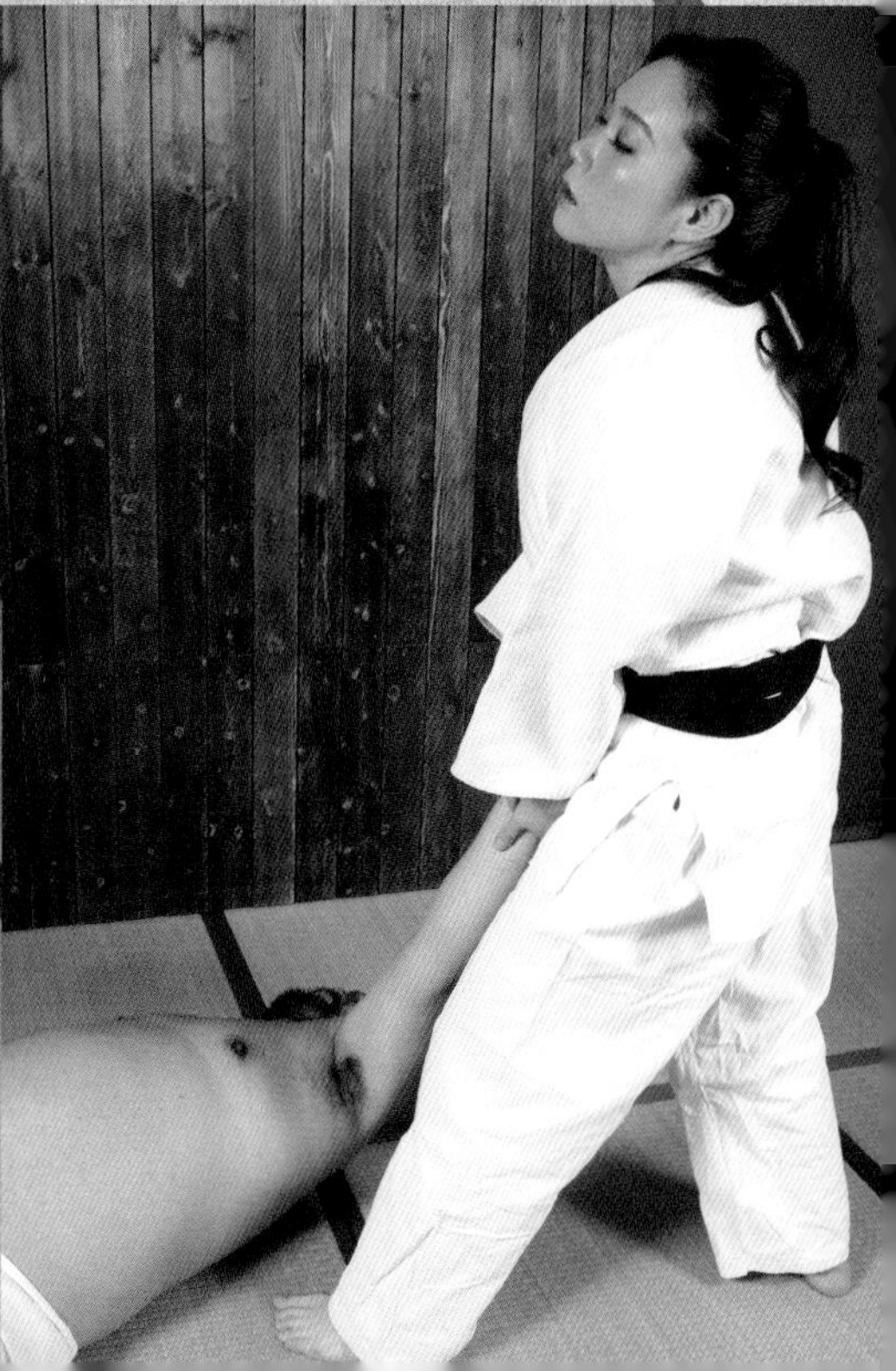

▼シングルマッチ（60分1本勝負）

○SHIN（17分09秒 腕ひしぎ逆十字）H・二郎●

頑張れ
東京2020オリンピック
SHIN
所属：GREEN　green-model.jp
106-0032 東京都港区六本木 2-2-6 福吉町ビル 5 階

素晴らしきSMの世界

真紀ナオミ女王様

所属：東京高級 SM クラブ「AMANDA ーアマンダー」女王様専科
https://www.sm-amanda.jp
アマンダは、大人の秘密の遊び場。男を忘れて、秘密を愉しむ…
他では味わえない、究極の【官能的快楽】をあなたへ…

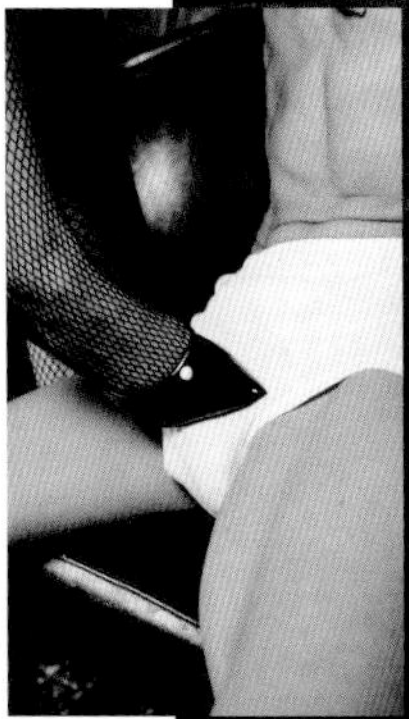

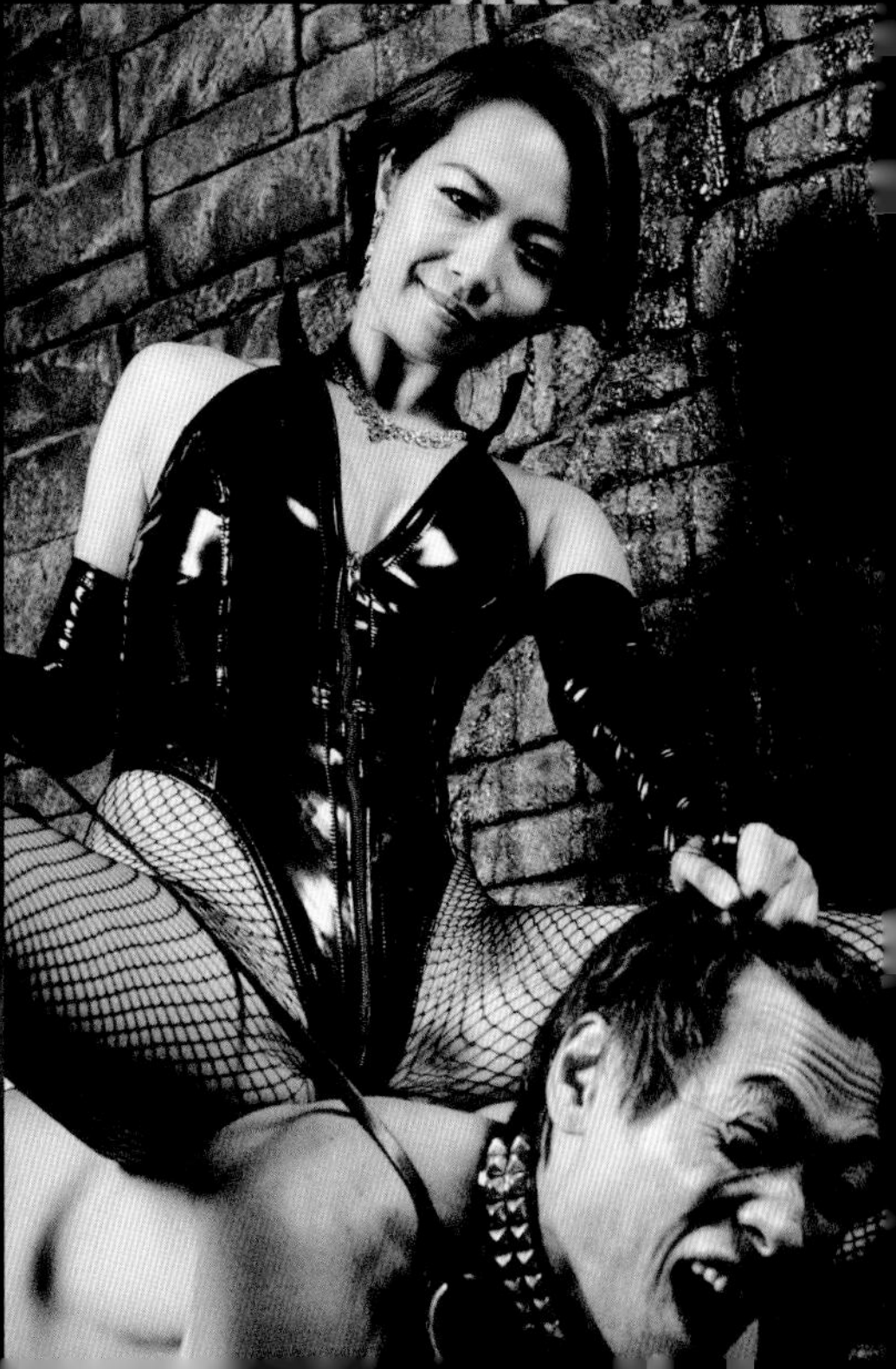

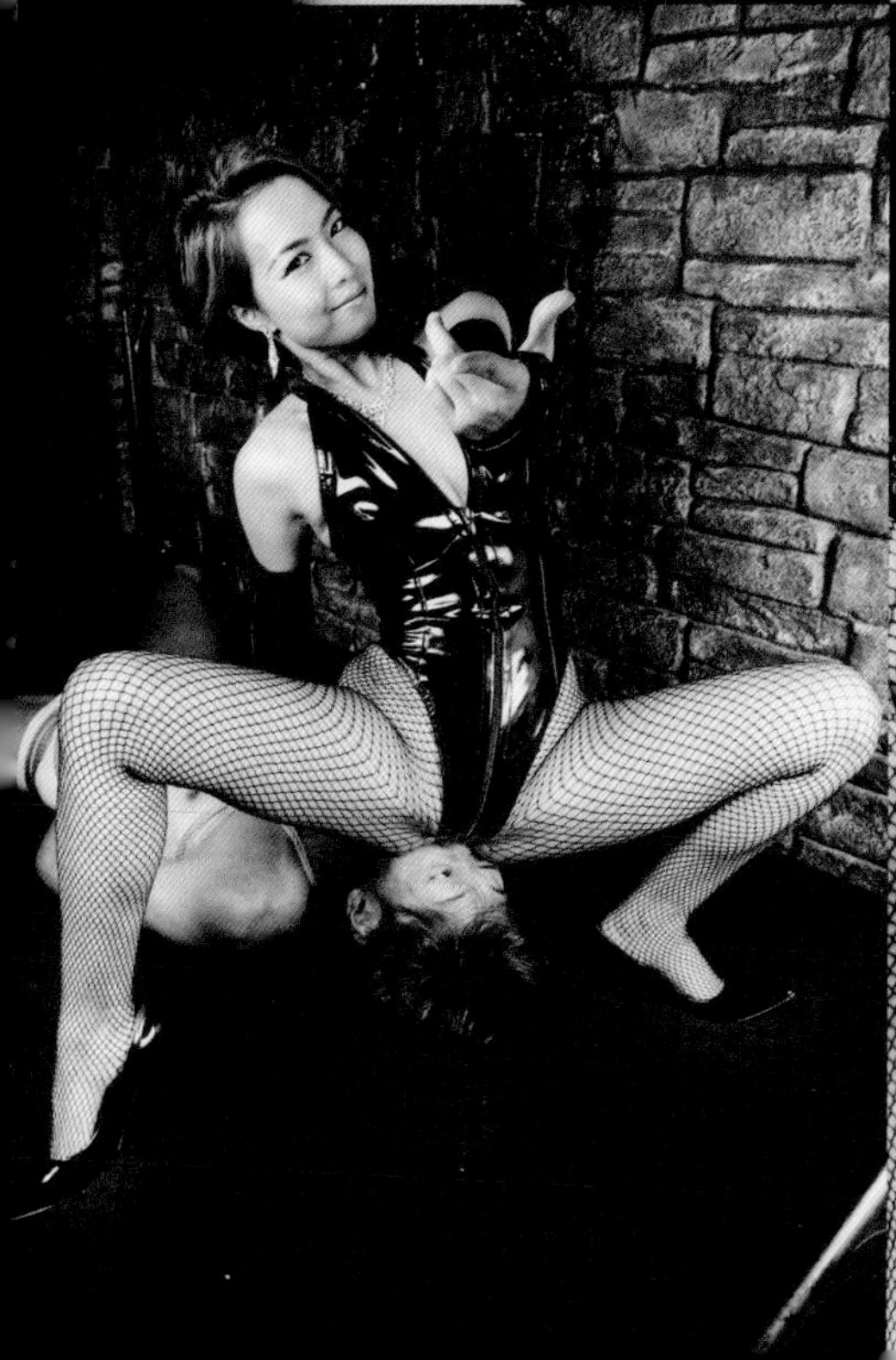

見た目が邦彦

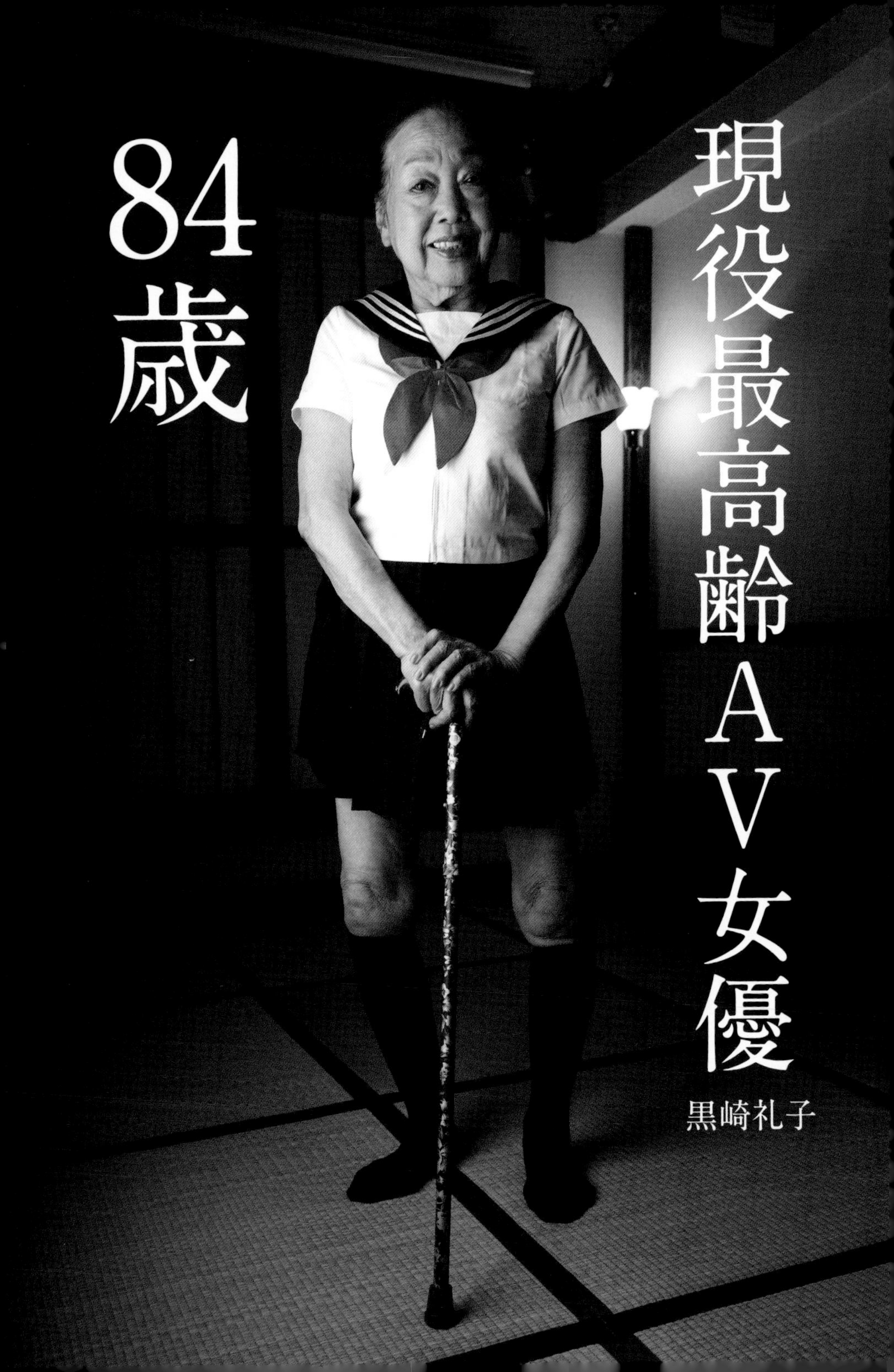
84歳
現役最高齢AV女優
黒崎礼子

思い出す
尋常小学校で
バスを待っていた
あの頃

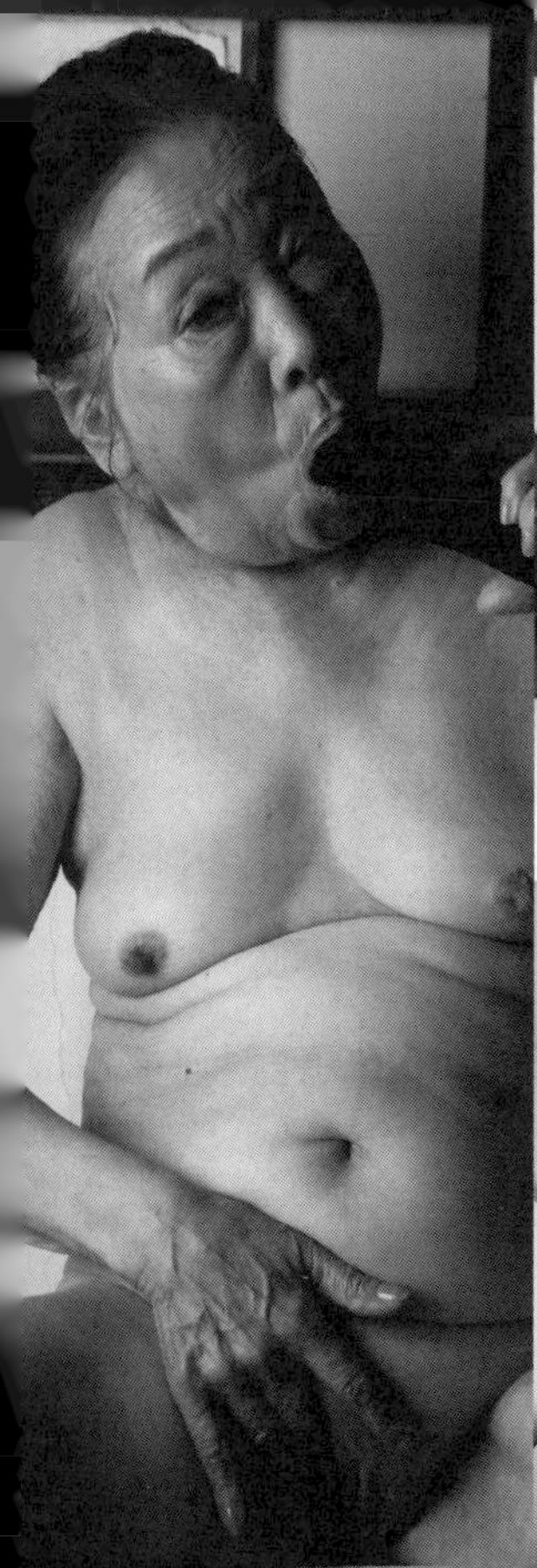
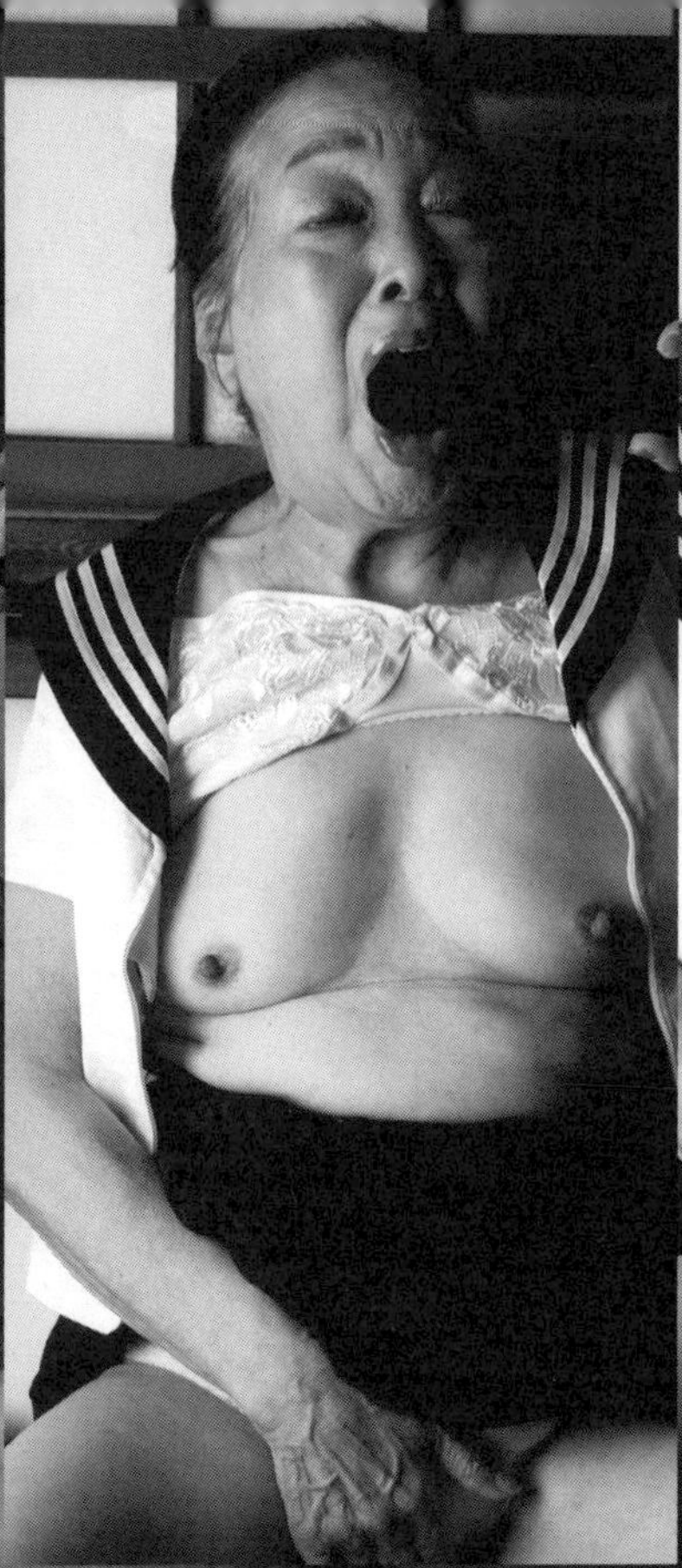
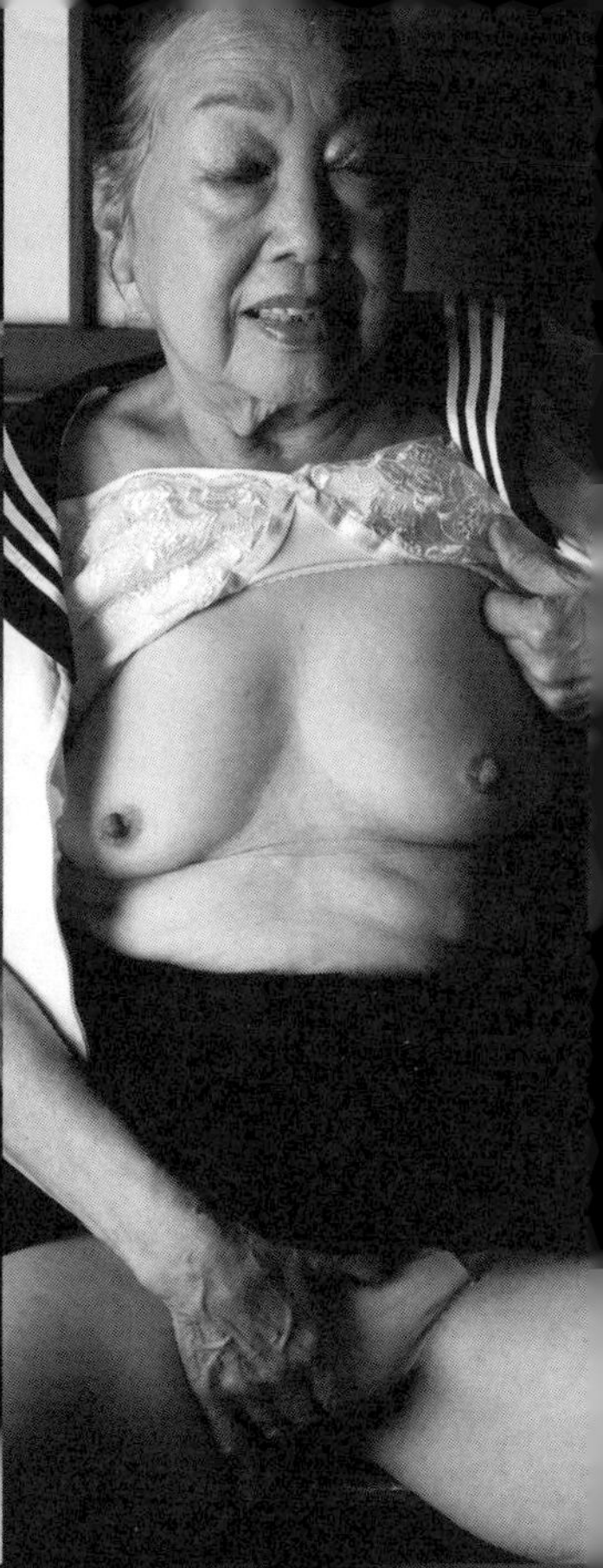

何見てんだ
コラアー！

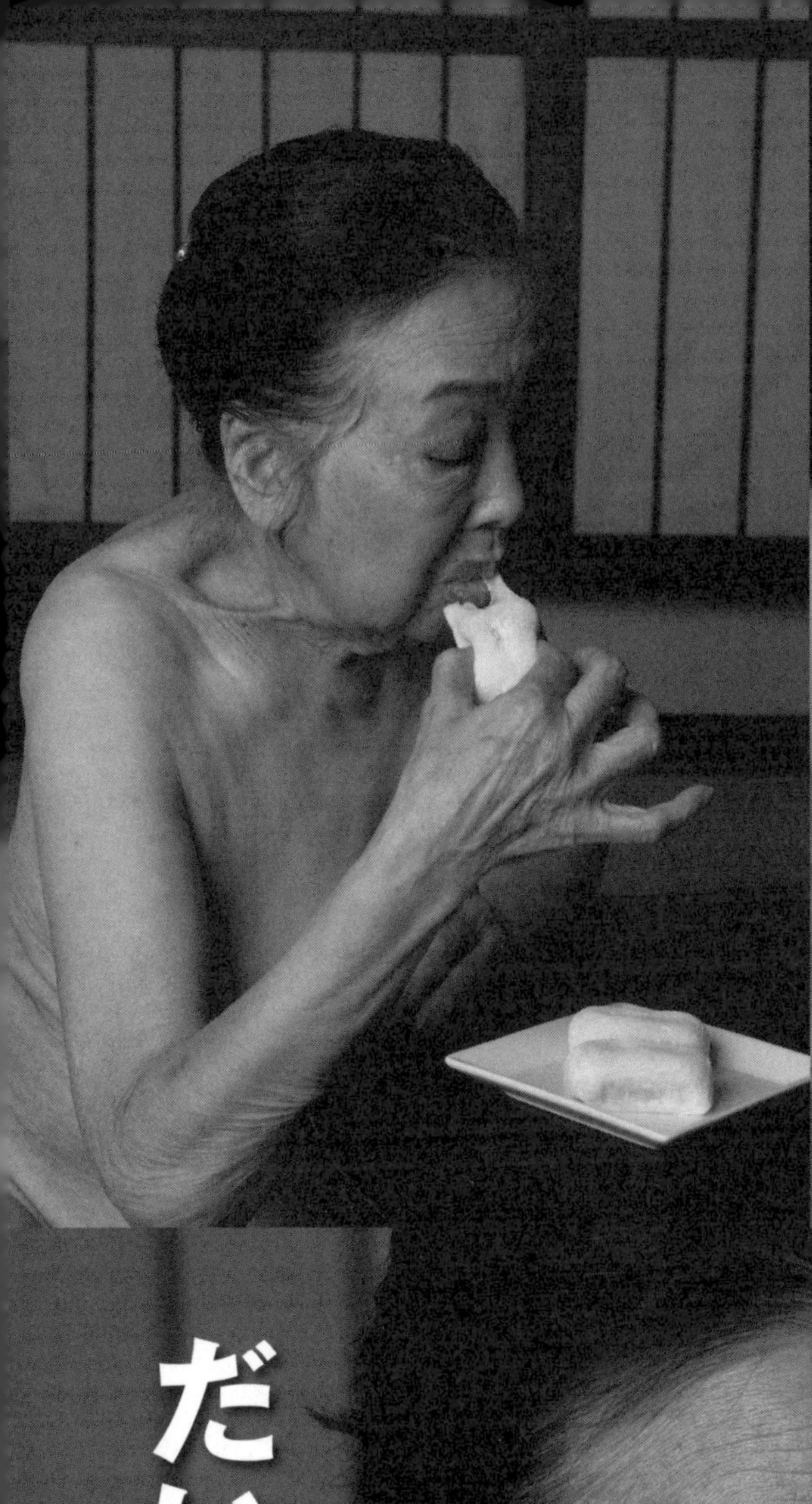

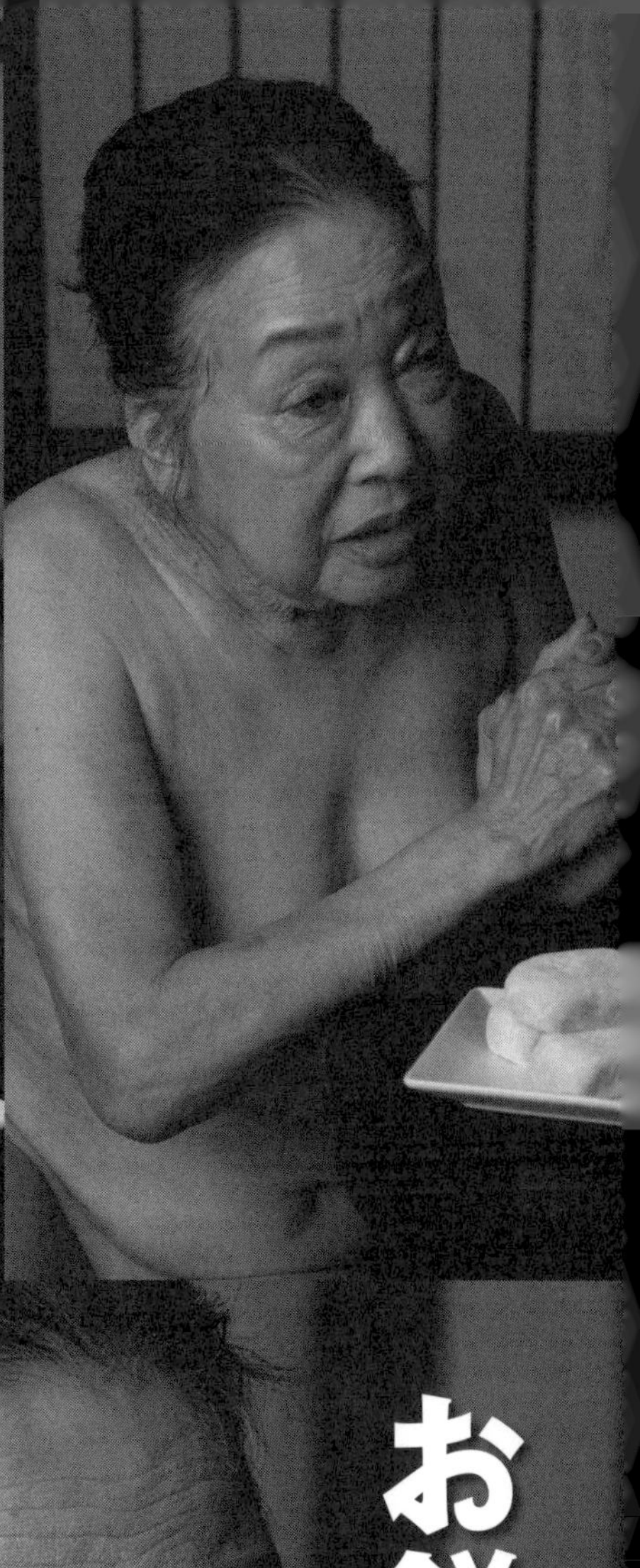

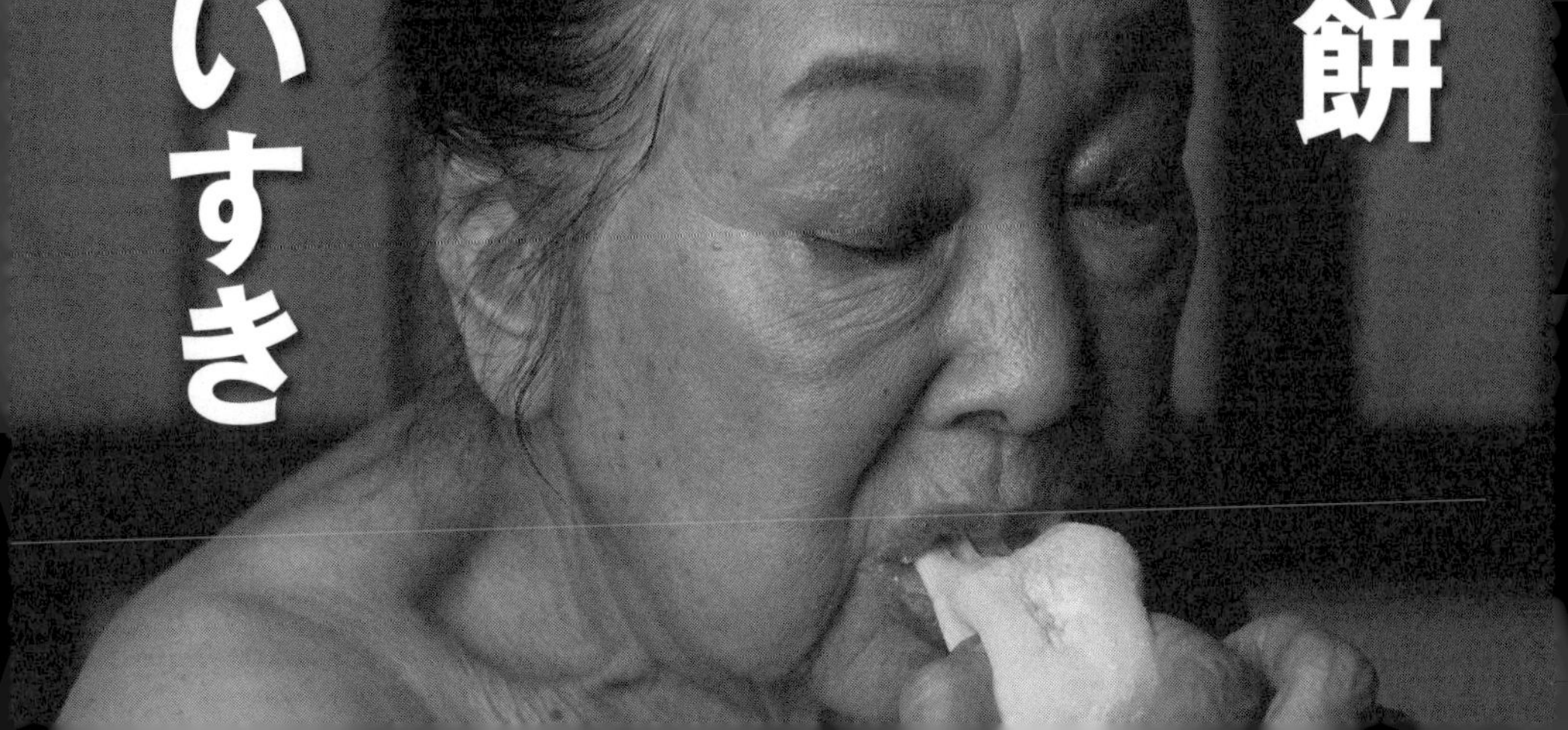
お餅
だいすき

何見てんだコラァー！

新沼謙治さん、お餅どうぞ

ハチミツ二郎×カイザーサイトウ

クラウドファンディング20万円出資 素人インタビュー

ハチミツ二郎(二:) 初めまして。

カイザーサイトウ(カ:) 初めまして。なんかすみません(笑)。

二: なぜ応募されたんですか？

カ: るなしゅんさんのツイッターでクラウドファンディングをお見かけして。本当に何の考えもなしで。なんか押しちゃったんですよね。すみません、何もない唯のおじさんで。

二: 今おいくつなんですか？

カ: 52です。

二: お生まれはどちらですか。

カ: 神奈川ですね。

二: 小中高と、ずっと神奈川ですか？

カ: そうですね。大学も東海大学でした。小中、あんまり治安が良い所じゃないんですけど、横須賀育ち、みたいな感じですね(笑)。

二: ポテチパンみたいなのなかったでしたっけ？

カ: 俺知らない(笑)。

二: 横須賀の人は皆知ってるって言ってましたよ。『アド街ック天国』で。

カ: うそうそうそ(笑)。

二: キャベツとポテトチップスを叩いて、コッペパンに挟んで。

カ: 知らないっす(笑)。

二: 横須賀ってエロ本落ちてました？

カ: 裏山にありましたよ。

二: 米兵が捨てたエロ本とかないんですか？ 無修正のアメリカのポルノみたいな。

カ: 裏山には落ちてなかったですけど、高校生になったらアメリカの基地でバイトに入る奴がいて。上手いこと持って来てました。

二: 向こうだと「PLAYBOY」とかでも出てますもんね。

カ: そうですね。初めて無修正のを見たのはそういう感じかもしれない。基地から悪い奴が持ってきちゃったやつを回し読みして。

二: へー。

カ: エロ本じゃないですけど、自分は思春期の頃に、なんとかして「トゥナイト」とか「11PM」を親に隠れて見たいっていうのが…。

二: 今の男子中高生じゃわからないでしょうけど、あの時は家にテレビが1台しかなかったり。

カ: 絶対そうです。

二: まず自分の部屋にテレビなんかなかったですもんね。

カ: 部屋がなかったですもん。

図書委員のおっぱいとお尻だったら、どっちが好きですか………？（ハチミツ二郎）

二：俺なんて中学生になって、親が抱えて自分の部屋に連れて行かれないぐらいの体格になってからコタツで寝たフリして。
カ：「寝ちゃった」って体で（笑）。
二：で、始まる直前に起き出して。音立ててないつもりでも降りて来たりするんですよね、親って。
カ：小学校の近くに中古の家電を売ってる店があって、「ラテカセ」っていうのが売ってたんですよ。モノクロテレビがついてるラジカセ。それを中学になったら買おうと思ってて。
二：ありましたね。
カ：それを、音楽が趣味のようなフリをして自分の部屋に持ち込むことが出来たとき、自分の中で達成感がありましたね（笑）。
二：高校は地元ですか？
カ：地元です。頭悪かったのといじめられてたんで、中学までの同級生が誰も行かないような地元の端っこのほうの高校に行ったんですけど。
二：へー。初恋はいつですか？
カ：初恋は多分その辺ですよ。
二：中学？
カ：いや、中学は何しろイケてない、ただのいじめられっこで。
二：好きな子はいましたよね？
カ：いました。
二：どういうタイプの子が好きなんですか？
カ：図書委員みたいな文系の子が好きでしたね。今もそうかも。
二：図書委員のおっぱいとお尻だったら、どっちが好きですか？
カ：おっぱいですね。なんか普通ですけど。
二：「貧乳」と「Fカップ」だったらどっちが好きですか？
カ：やっぱ「脱いだらスゴい系」じゃないですかね。
二：当時の好きな子ってどういう感じだったんですか？　タレントで言えば。
カ：タレントといえば桂木文さんが、高校生ぐらいの時にヌード写真集を出したんですよ。
二：はい。
カ：それをなんとかして買うっていうのが、当時一番苦労したエロ本話ですね（笑）。
二：それは何歳の時の話ですか？
カ：高一年ぐらいだったかな。
二：アイドルとかはどうですか？　中森明菜とか聖子ちゃんとか。
カ：僕が大学入った時ぐらいにおニャン子クラブが始まった世代でしたね。
二：おニャン子にハマりました？
カ：いや。私は割とヒネた文系だったから、中学までは映画少年みたいな感じでした。同級生は下敷きに聖子ちゃんとか入れてたけど、僕だけ薬師丸ひろ子さんだった。
二：彼女はいつできました？
カ：高校ぐらいですかね。
二：「横須賀のデート」ってどんな感じなんですか？
カ：横須賀っぽくはないですが…映画に連れて行ったり。
二：何処で遊んでました？
カ：僕は、家が近かったんでよくどぶ板通りとか、割と不良が集まるような所で遊んでました。
二：結構悪かったんですか？
カ：悪くないんですけど…悪い人と仲良くなってないと人権がない感じだったんで。
二：田舎だと、面白い奴が集まるっていったら大体が悪い奴。
カ：そうです。ネクラとか言われてたから別に不良じゃないんですけど、生きるために悪い子たちと遊んでた感じかな。
二：大学出て、社会人になる時はどうでした？
カ：バブル世代だからめっちゃ景気が良くて、名前書ければ会社に就職できたんで。少しコンピューターができたのもあって。
二：4年で卒業したんですか？
カ：そうです。4年で卒業して普通に就職して。何も面白くもないそんな感じなんですけど（笑）。
二：何系の会社ですか？
カ：今は日立××って言うのかな。そこに入って。
二：入社して3年ぐらいで結婚したんですか？
カ：そうですね。
二：大学の時からずっと付き合っていたんですか？
カ：そんな感じです。
二：どういうプロポーズをしたんですか？
カ：特にエピソードとかないですよ。面白いこと喋れなくて、すみません（笑）。
二：大丈夫です。8ページあるんですから、まだまだですよ。
カ：自ら申し込んでおいてなんですけど、僕みたいな素人から8ページ分の会話を引き出すの大変

私は風俗に「行く方」ですね。割と浮気するタイプなんで（カイザーサイトウ）

だろうなと思って(笑)。
ニ：いやいや全然。埋まらなかったら、４ページ分は顔写真のドアップにしますから。
カ：(笑)。
ニ：その後、日立は何歳まで？
カ：日立に15年ぐらいいました。自分で言うのもなんですけど、割と出世頭だったんですよ。
ニ：はい。
カ：だったんですけど、しくじっちゃって、つまんなくなって、東京電力関係の会社に転職したんですね。でも、震災があって東京電力が嫌になっちゃって。
ニ：震災のときはまだ東京電力だったんですか？
カ：はい。そこはIT系の仕事で、それをきっかけに今は会社の社長をやってます。社長になったっていうのかな。
ニ：差し支えなかったら、辞めることになった理由を訊いてもいいですか？
カ：僕のせいで他所の会社から訴えられることになっちゃって。
ニ：仕事上の不手際で？
カ：そうです。私がプレゼンテーションしたことが、他所の会社の逆鱗に触れて「訴える」ってことになっちゃって。
ニ：それは実際に訴えられたら負けるような感じだったんですか？
カ：まあ、そうですね。
ニ：そうなんですか。
カ：僕を引っ張ってくれていた役員が減俸になったら、みんなが一斉にサーっと背中向けていなくなっちゃったんでびっくりして。その後、仕事で九州に飛ばされました。
ニ：九州の何県ですか？
カ：佐賀県ですね。
ニ：これまた田舎ですね。
カ：そうですね。その当時、仕事でものすごいトラブってたみたいで、ちょうどいいから行かしちゃえ！　みたいな感じで火消しに行かされて。
ニ：佐賀の人たちとは上手くいったんですか？
カ：いやぁ、上手くいかないですよ。ITのトラブルって「何億円払ったのにこれしかできてねぇ」とか「これを作れとは言ってねぇ」とか言い合い合戦になるんですけど、その毎日がストレスでしかなかったですね。
ニ：ストレス発散はどうしてました？　風俗行ったりとか。
カ：私は「行く方」ですね。割と浮気するタイプなんで。「モテたい」気持ちが人一倍あって。モテてると安心するので(笑)。
ニ：それで、そっちも辞めるわけですよね？　佐賀の方も。
カ：転職っていうか、ヘッドハンティングで引っ張ってもらう段取りができたんで。お盆休みで皆が休んでいる時に出勤して、引き継ぎ資料を作って、「はい、さよなら」みたいな感じで去りました。
ニ：何年前でしたっけ？　社長になられたのは。
カ：社長になったのは震災の年で2011年ですから、9年前か。
ニ：どういう業務なんですか？
カ：今の私の会社は「働き方改革」をITで支援する会社なんですけど。立ち上げたというか実は人からもらったんですけど。
ニ：で、何が利益になるんですか？「ITの働き方改革」ってのは。
カ：大企業の中のコンピューターシステムを代わりに設計したり、開発したりしてます。
ニ：働き方改革のスケジュールみたいなものを作ったりするってことですか？
カ：働き方改革って、例えば在宅勤務とか、時短勤務とか、給料を変えるとか。あとは変わったところでいうと、会社の社員のモチベーションを上げるっていうのもあるんです。パワハラ、セクハラをどうやって解消するかを提案したり。
ニ：俺なんて吉本興業だから「働き方改革」なんて一切理解していないんですよ。マスコミが創り出した嘘だと思ってる。
カ：(笑)。
ニ：それは企業そのものから報酬をいただくんですか？
カ：そうです。
ニ：会社はどこにあるんですか？
カ：会社は神田ですね。
ニ：神田で飲んだりしますか？
カ：毎日飲んでます。
ニ：風俗はどうですか？
カ：今はもう全然ですねぇ。
ニ：社長になってからも風俗行きました？
カ：それは行きますけどね…。
ニ：今の若い奴は風俗すら行かないんですよ。

エロ本買えないから、自分でおっぱいの絵を描いてました（カイザーサイトウ）

カ：ですよね！

ニ：「行ったことないし行きたくない」ぐらいの勢いで言ってくるんで。

カ：分かります。うちの社員なんかも、社内ツイッターで「エロ本に20万円出そうか悩んでるんだよね」って書いたら、「エロ本とか書くのはよくないんじゃないですか、社長」と。男の子がですよ？ 女の子に怒られるならまだ分かるんですけど。「コンプラ的にあまり良くない」って。

ニ：この本を作るきっかけが、俺の何代か前のマネージャーが「エロ本どころかエロDVDも買ったことない。全部タダでスマホで見れるから」って言っていたことから始まっているんで。それじゃダメだろうと。

カ：みんな無料で見れるから、エロさに対するガッツがないような気がするんですよ！

ニ：ないんですよ。だって今、小学生が女性のエロ画像をいつでも見れるわけじゃないですか。俺たちなんて、やっと回ってきた、砂嵐が混ざったようなビデオを。

カ：はいはい。分かります。

ニ：裏ビデオを見たら、自分の母ちゃんより汚いおばさんで。

カ：（笑）。

ニ：その後に、桜樹ルイみたいなタレント並みのルックスの人が出てきましたけど、でもまだ「疑似本番」を見ているような感じ。

カ：はいはい。前貼りとか。

ニ：要は制約されてたからこそ、女への欲が上がっていった部分があると思うんですけど。今の若い奴、だから冷めてるんですよね。別に俺、アニメが悪いってわけじゃないと思いますけど。

カ：（笑）。

ニ：アニメでオナニーしている奴沢山いますからね。若い奴で。

カ：私、大人しい少年だったから絵は描けるんですよ。で、エロ本買えないから、自分でおっぱいの絵とか描いてて、すげえ上手くなりましたもん。

ニ：いましたよ、そういう奴。

カ：そう、そういう奴でしたよ。

ニ：最近はCGみたいなのに本当に興奮する男子とかもいるじゃないですか。それでも良いんですけど、生身のおっぱい触りながら、そっちにいってほしいんですよ。

カ：分かります。今「VRキャバクラ」っていうのがあって…それで良いのかもしれないけど「おっぱいも触れよ！」って思います。

ニ：昔「グラスボーイ」っていう風俗が大阪にあって。

カ：はい。

ニ：そこに「グラストロン」っていうVRがあったんですよ。ゴーグルに線が繋がっていて、それを着けて部屋で寝転んでVHSを見るんですけど。10分ぐらいすると女が部屋に入ってきて、フェラが始まるんですよ。

カ：（笑）！

ニ：「ピンサロ」で「グラストロン」というのをかけて「グラスボーイ」なわけですよ、俺たちが。

カ：はいはい（笑）。

ニ：俺、二十歳ぐらいだったんですけど、そこに来る人は自分が好きなAVを見て、ピンサロのようなサービスを受けることで興奮しているんですけど、俺はやっぱりグラストロン取りましたもんね。AVの中の女優よりも実際触れてる女を直で見たいなって。

カ：それは共感します。

ニ：このプロジェクトに一番反応してるのは実はセクシー女優やグラビアの子たちなんですよ。

カ：はいはい。

ニ：募集もしてないのに「私もやりたい！」みたいな感じで集まって来てる。何て言うんですかね、そういう20代ぐらいの女の子の方が嗅覚が鋭いというか。

カ：なるほど（笑）。

ニ：そっちが動けば、買うほうの若い男もその後に付いていくと思うんですよ。

カ：私、春野恵さんをスタジオで写真撮ったことあるんです。

ニ：事前資料としてスタッフからカイザーさんのブログを見せてもらったら「春野恵撮影会」って書いてあった。実はあの時もう春野恵ちゃんを撮ることが決まってたんですよ。「あ、これは上手く一致したな」って思って。

カ：あー！ そうなんですね！

ニ：そういうのをやり始めたのはいつ頃ですか？

カ：元々本当にカメラが好きで。

ニ：カメラが先なんですか？

カ：カメラは中学から。根が文系なので。僕の世代はカメラが趣味の人は多いと思うんですけど。

可愛いか可愛くないかよりも、優しくしてくれるかどうか(カイザーサイトウ)

二：学生の頃は最初、何を撮ってたんですか?

カ：女の子を撮りたいんですけど、撮れないじゃないですか。

二：撮れなかった場合は何を撮るんですか?

カ：その場合は友達とか(笑)。

二：はい。

カ：カメラってすごくお金がかかるんです。結婚したし、子どももできたんでずっと辞めてたんです。でも2年ぐらい前にまた始めて、春野恵さんとかを撮って。昔はモデルさんを一人雇うなんて絶対できなかったから。

二：しかも今、前よりずいぶん安くなってますもんね。「こんな値段で良いの?」って。昔は個撮って値段高かったんですよね。

カ：めっちゃ高かった。今は割と安いし、簡単に予約できちゃう。

二：だって、現役地下アイドルとかの水着個撮、1万何千円とかですもんね。風俗と比べるわけじゃないですけど、値段的には風俗より行きやすいですよね。

カ：ツイッターなんかだとフリーでヌード撮らせてくれる人とかもいたりして。

二：それ素人ですか?

カ：素人です。いっぱいいますよ。

二：(スタッフに向かって)探せよバカヤロー。何で探して来ねえんだ。

カ：(笑)。

二：俺、「風俗行かないなら個撮行け!」って思うんですよね。

カ：でも個撮もおじさんばっかりですよ。

二：だから、若い奴行けって思うんですよ。まず女と話せと。

カ：(笑)。

二：個撮してる子なんてみんなイイ女なんだから、イイ女との会話に慣れるだけでもだいぶ変わるよって俺は思うよ。

カ：本当ですよね。

二：すんなり入れるんですか?すごい倍率なんじゃないですか?

カ：すごい倍率の人は秒で埋まっちゃう感じですけど。でも、可愛くても埋まってない人もいっぱいいると思いますけどね。

二：AKBの中でも可愛くても列が少ない子いるじゃないですか。可愛くなくても握手が長い子もいるし。個撮はどうなんですかね?

カ：おっさん相手だから、キャバクラと同じ理屈だと思いますね。可愛いか可愛くないかよりも、優しくしてくれるかどうか(笑)。

二：そういうの大事だと思いますよ。つまんなそうにされたら、こっちも「じゃあ、他行くよ」って思っちゃいますもんね。

カ：あとはカメコ人種は喋るのが苦手な人が多いから、喋れないおじさんをヨシヨシしてくれるような女の子が人気あると思います。

二：へー。

カ：私はあんまりそういう感じじゃなくて「おっぱい!」「美人!」みたいなのが良いんですよね。

二：何でカイザーなんですか?

カ：(笑)!

二：だって春野さんも「あ、カイザーさん」って呼んでましたよ。

カ：本当に申し訳ないんですけど特に理由ないんです(笑)。真面目な話をすると、会社の話になってしまうんですけど。LGBTとか。

二：はい。

カ：性の自認がマイノリティ型の人って、本名で働きたくないみたいなので。「じゃあ、本名じゃなくても働ける会社にしよう」ということにしたんですよ。

二：はい。

カ：「どんな名前つけても良いんですか?」って聞かれて、「できるだけふざけろよ」った手前、言自分もふざけなきゃと思って。「俺がカイザーを名乗っていればみんなもっと自由にできるだろ」みたいな。別にカイザーに意味はないんですよ(笑)。

二：そうなんですか。「ファイヤープロレスリング」っていうゲームがあるんですけど。

カ：はい。

二：「前田」だったら「サエバ」みたいにキャラの名前がちょっと変わるんです。ゲーム内では「ライガー」が「カイザー」なんですよ。

カ：じゃあ、それから取ったってことに(笑)。

二：LGBで言うと、この本もそこに関しては真面目に考えてて。日出郎さんのインタビューでは、「中高生が同性を好きだった場合」について話したり。それは性教育で習わないことだし。

カ：この本に共感したことの一つは「エロ本から学んだことも沢山ある」みたいなことを書かれてま

今、世の中で一番作らなくて良いものですよ、エロ本（ハチミツ二郎）

したよね。
ニ：本当にそう。要は、一番ダメなのは学校の性教育なんですよ。保健体育でも本当に大事なことは何も教えていないっていう。
カ：うんうん。
ニ：俺らはエロ本で理解しているから。
カ：今の子は検索して自分の欲しいものを見るから、検索しないものを見なくなっちゃって。それをフィルターバブルって言い方するらしいんですけど。
ニ：はい。
カ：僕らってテレビ世代だから、見たいものの他にも色んなものが勝手に入ってきてたんですけど。今は部屋に閉じこもってパソコンやスマホで検索すれば見たい情報だけを見れるけど、どんどん世界が世間が狭くなる。それを問題視している人がいて、そりゃそうだなって思うんですよ。
ニ：だから、エロの衝動が今すごく低いんで。だからこの『エロ本』も売ってくの大変なんですけど。
カ：若い子はみんな「ネットに落ちてるからいいや」ってなっていくのかなぁ。自分の見たいこと以外の情報が入ってこないのは怖いことかもしれない。
ニ：考えるのをどんどんなくしちゃったらダメでしょう。「東京ダイナマイト」の単独ライヴでも、家に帰った後に「これのことか」と思わせるようなものは残してるんですけど、フィルターバブルの奴らはそこが面白いと思ってないんです。「わからないこと」が恐怖なんだと思うんです。
カ：はいはい。
ニ：お笑いで言えば「わからない」を「面白くない」「嫌い」に置き換えちゃうんですよ。それがフィルターバブルの弊害です。「髪ロング・黒・巨乳」と検索したらいきなり正解に辿り着いちゃうわけですから。まぁ、それを含めて「時代」っていうのもあるかもしれないですけど。
カ：そんな時代にエロ本を出されるということで。
ニ：はい。
カ：私は考えたんですけど、これに20万出すのは間違いだったと思うんですよ（笑）。でも間違えないといけないなと思って。「積極的に間違えていこう」と思うから、後悔していない（笑）。こんな機会をいただけて嬉しいなぁと思います。
ニ：いやいや。自分たちで考えておきながら、本当に入ってくるとは思わなかった。
カ：（笑）。
ニ：「おい、入れた奴いるぞ」って。万歳と同時に「本気で入れてんのかよ」みたいな。
カ：（笑）。
ニ：次はグラビア撮ってみます？
カ：え？ グラビア？
ニ：第2号で。ネタとして。
カ：あぁ！ もちろんもちろん！良いんですか？
ニ：80万ですけど。
カ：80万（笑）！
ニ：一気に跳ね上がって。
カ：頑張りますけどねぇ（笑）。
ニ：今、世の中で一番作らなくて良いものですよ、エロ本。
カ：（笑）！
ニ：だって、無くなるってことは要らない、世間から必要とされてないってことじゃないですか。それを無くさないぞって勝手に立ち上がっているだけですからね。
カ：世間からしたら無駄なことをやっているなぁと思ったら、ついつい共感して支援させていただきました（笑）。
ニ：無駄なものの中に必要なものは必ずあるわけで。無駄だと思うから先生も親も話さない。
カ：はい。
ニ：「僕は男だけど男が好きかもしれない」「僕はおちんちんが勃つんだけどこれなんだろう？」
カ：そうですよね。
ニ：でも、お父さんお母さんはそんな話は無駄だと思ってるからしないけど、当人にとっては一大事かもしれない。チンチンが勃つのは病気なんじゃないかって思っている小学生がいるかもしれない。
カ：自分のその年頃にはネットなんてなかったですからね。どうやって知ったんだろう。
ニ：俺たちは「シコシコ」って言葉が入ってきた。
カ：はいはい。
ニ：俺らは「シコシコ」って響きが面白いから「お前もうシコシコしてる？」とか言ってたけど、ホントは分かってないんですよ。「シコシコって何だろう？」って。
カ：確かにそうだった。先に言わ

エロ本読んで「尺八とフェラチオは一緒か」と(ハチミツ二郎)

れて、知ってるフリをするところから始めてた気がする。

ニ：早く知った奴らには2個上ぐらいのお兄さんがいて、そこから情報が流れてくるとか。

カ：そう。それを検索しちゃてるから違うんじゃないかなって。

ニ：俺なんか兄貴5個上ですけど1回も話したことない。エロい話なんて。

カ：そうなんですか(笑)。

ニ：だけど、俺もシコシコ、オナニーを分かってないまま射精しちゃたんですよ。

カ：はいはい。

ニ：エロ本見ててなんとなくチンコ弄ってたら出ちゃったんですよ。そん時「うわーっ！」て思ったんですよ。

カ：「なんだこれ!?」ってなりますよね。

ニ：もちろん親にも言えないですし「なんだこれ」って思って。で次の日に学校休んだんすよ、俺。

カ：(笑)。

ニ：学校休んで、もう1回同じエロ本見てチンコ弄ってたらもう1回出たんですよ。で、「なんだこれ？」って。おびただしい量出るんですよ。

カ：(笑)！

ニ：で、何だこれって思ってたんですけど、3回目のオナニーに入ったわけですよ。兄貴の部屋のエロ本を見てたら、なんかチンコからピューって出てる絵があって「あ、これか」と。

カ：繋がったんだ。

ニ：そんなの学校で「先生！」って訊けるわけでもないし、なんだったら友達にも言えないかもしれない。

カ：俺そうだ、中学ぐらいの時に「フェラチオ」が分からなくて。でも、なんとなく頭の中にフェラチオって言葉があって。

ニ：はい。

カ：社会の勉強をしている時に、弟に問題を出してくれって言って親の前でやってたんですよ。

ニ：はい。

カ：それで、北欧の地形のことで「フィヨルド」が答えだったんですけど、「なーんつったっけなー？フェラチオじゃないよな、フェラチオじゃないよなー」ってずーっと親の前で言ってて。親は変な顔してて(笑)。

ニ：親の前で「フェラチオフェラチオ」言ってたんですか？

カ：「フェラチオじゃなかったけ？」とか言って(笑)。弟も「惜しい！」って(笑)。お互いにわかってないから(笑)。

ニ：俺らの地域の先輩は「尺八」って言ってたんですよ。岡山は教育県で風俗がないんですけど、広島の方行くと「尺屋」って言うんですよ。ピンサロのことを。

カ：へー。

ニ：「尺八屋」で「尺屋」。尺八とフェラチオが同じ言葉なんだっていうのも、それを学校で教えるかって言ったら教えるわけない。

カ：教えるわけないですよね(笑)。

ニ：やっぱエロ本読んで「尺八とフェラチオは一緒か」と。

カ：(笑)。

ニ：ここまで聞いてきましたけど。

カ：ああ、はい。

ニ：サイトウさんにとって人生とは？

カ：なんですかそれ(笑)。

ニ：これは必ず聞くようにしているんです。人生とは？

カ：52歳ですけど、まだよくわかってないですね。やっぱり、「間違えた

カイザーサイトウ

本名・齋藤和政（さいとう・かずまさ）。1967年生まれ53歳。株式会社ソノリテ代表取締役。プリンシパル・コンサルタント。東海大学工学部卒業。日立系、東京電力系のシステムエンジニアを経て、2011年に株式会社ソノリテの代表取締役就任。オリジナリティ溢れるスタイルで、ホラクラシー型、ティール組織型の企業経営を実践し注目を集め、働き方改革に関連するAI製品、ITサービスを展開している。写真が趣味でカメラマン名がカイザーサイトウ。フィロジニー全開でグラビアモデルを撮影しているが、社員には内緒にしている。

「私の人生をどう間違えていくか」という挑戦ですね（カイザーサイトウ）

い」っていう気持ちははあります。

ニ：あー。

カ：この企画に20万出すのは絶対に間違いだと思うんですけど、だからすごく楽しいっていうか…もっと間違えていきたいかな。「どこまで間違えられるか」「私の人生をどう間違えていくか」みたいな。「どこまでできるか」という挑戦ですね。格好つけました。

ニ：でも、アントニオ猪木がこう言うんですよ。元々なんかの言葉なんですけど（富田常雄の長編小説が元ネタ）「修行とは出直しの連続なり」って。

カ：かっこいい！

ニ：それって結局、失敗ばかりしてるってことじゃないですか。成功の連続が修行じゃなくて、失敗の連続が修行だっていう言葉があるんです。

カ：かっこいいな！

ニ：でもそうだと思いますね。

カ：はい。あと、私は何しろモテたい！

ニ：モテたいですか？

カ：はい。未だにモテたいです。

ニ：一番モテた時っていつですか。自分の人生において。

カ：「今」と言いたい感じです。

ニ：20代30代40代50代で言えば？

カ：一番色んな人とセックスしてたのは30代ですね。30代後半ぐらいから40代前半ぐらいかな。

ニ：どこで見つけるんですか？

カ：よくやってたのはmixiです。

ニ：どこでセックスするんですか？　ラブホテル？

カ：ほぼラブホだった気がしますね。今は社長だからマンションとか持ってたりするんで（笑）。

ニ：社長になったからモテたってありますか？

カ：ありますけど、でもちょっと質が違う気がして。まぁ、でも社長はモテると思います。

ニ：例えば付き合いで銀座とか行って、取引先の人が「この人社長なんだよ」と言ったら、わかりやすく変わる瞬間があるじゃないですか。

カ：そうです！　あの瞬間が大好き（笑）。

ニ：では最後に。明日死ぬとしたら最期の晩餐は何を食べますか？

カ：どうしましょうか。

ニ：何が好きですか？　食べ物。

カ：前は「肉」って言ってたんですけどね、大分食えなくなりました。50代ってね、つまらなくなってくるんですよね。

ニ：サシの入った肉とか全然ダメになっちゃいました。

カ：それでも俺は「肉が好き」って言い続けてたんですけど、もうダメですね（笑）。

ニ：この店のこれが美味かったってありますか？

カ：自分のことを味音痴だと思ってて。ちょっとした小料理屋で和服のお姉さんが給仕してくれるだけで美味しく感じちゃう。正直、死ぬ前はカップラーメンでもなんでもいい気がします。それより美人に囲まれてチヤホヤされて…答えになってませんね（笑）。

ニ：お菓子はどうですか？　一番好きなお菓子とか。

カ：関東で食えなくなりましたけど、カールのチーズ味とか。

ニ：カールのチーズ味は生産中止になったおかげで、他のブランドが真似して出したりしてるんですけど、やっぱり違うんですよ、全然。

カ：違いますよね。

ニ：はい。あの形も大事でしたし。

カ：あの筒状のやつありますよね。あれカールじゃないですよね。

ニ：違いますね。俺西日本行ったら必ずカール買います。今空港とかコンビニも売ってますもんね。

カ：本当ですか？

ニ：新大阪の駅売店でも売ってます。

カ：なんで西日本だけ（笑）。

ニ：あれだけは意味わからないですよ。俺、一番買っているお菓子ってカールだったんですよ。俺だけでもこんなに買ってるのに、何で無くなるんだよと思って。

カ：そうですよね（笑）。しかも西日本だけ残すって意味がわからない。

ニ：最終的にカールの話になると思いませんでしたけど、今日はありがとうございました。

カ：あ、こちらこそ（笑）。ありがとうございました。こんな話しかできなくてすみません（笑）。

ニ：でも、2時間話したから。余裕でページは埋まりますから。

カ：ほんとですか（笑）。いやー楽しかったです。次回はグラビアページ撮らせてください。80万円で（笑）。

ハチミツ二郎×森田哲矢（さらば青春の光）

ギョーカイ噂のウワサ じっくり聞いタロウジロウ

※これはあくまで森田と二郎が耳にした噂話です。

ハチミツ二郎（二：） 令和二年になってからの話でもいいし、去年下半期の話でもいいし。

森田哲矢（森：） どうしましょ？　何系がいいですかね？　去年の…クスリ？　エロ？

大物芸人K、男子プロレスラー・女子プロレスラーと3P

二：前に『勇者ああああ』（テレビ東京）で言ってたあの話は？

森：男子プロレスラーと女子プロレスラーとKさんで3人で飲んでたんですって。で、飲んだ流れで3人でホテル行くことになって、最初は2人でやってたんですけど、片方のレスラーはバイセクシャルやから、「どっちもイケる」みたいになって、Kさんがイカされたっていう（笑）。

二：え、そうゆう話なの？　3Pか！

森：「何でそんなに上手いのお〜！」って言いながらイッたらしいっす（笑）。

二：でもそれって相手絞れるなぁ。

森：女子の方？

二：じゃなくて男子の方。

森：何でなんすか？

二：Kさんが観に行く団体から絞れば。

森：そっか。そういうことか。

二：この話どこから持ってきたの？

森：誰やったかな？　芸人仲間が言ってた気がするんですよね。

二：その女子プロレスラーから回ってきた話なのかな？

森：女子プロレスラーと飲んだ時に聞いたって言ってましたね。それで「森田、ゴシップやるよ」って、くれましたね。それ誰だか絞れんねや（笑）。

二：絞れる。二郎警察にかかれば（笑）。すぐに。

森：（笑）！　すぐに（笑）。

二：Kさんと飲んでる人で絞れるから。

森：あー、そういうことか。

二：プロレスラーもわんぱくだなぁ。

沢尻エリカ逮捕後にマークされた芸能人

森：あとは去年はやっぱりクスリっすかね。年末にかけてのトピックといえば。沢尻エリカの時も、逮捕直前に●●●から「エリカお前そろそろやめとけよ」って電話があったらしいですね。だから、あの辺の俳優陣はみんなやってるんやなって。俺が聞いた話だと、Kのところにはやっぱり家宅捜索は入ったらしいんですけど何も出て来ず、更にMのところにも家宅捜索が入ったけど、何も出て来なかったらしいですね。

二：みんな処分したんじゃないの？

森：揉み消したってことですか？

二：捨てたんじゃないの？　全部。

森：まあそうやとは思いますけどね。あとNは実は捕まったことがあるっていう話を聞きましたけどね（笑）。「捕まる」のを「免れた」のかな、事務所のお金で。

二：女優もわんぱくだなぁ。

芸能界枕営業は本当にあった

森：結局、この世界の人って女の方がエロいんでしょうね。

二：それか、どっかで壊されるか。

森：一回○○○○ていう事務所の末端の女の子と飲むことがあって。グラビアアイドルなんですけど。「俺、ゴシップ好きなんで、一つだけ訊かせてもらっていい？　この世界に枕営業というものはあるの？」って訊いたんですよ。そしたら「ウチの事務所のホームページでタレント一覧が見れるんですけど、KさんとかYさんとかLさんとか色々いるんですけど、この人見たことあるな、この名前聞いたことあるなって人は絶対に一度は社長に抱かれてます」って言ってて。

二：オレも前にオレが渋谷でやってたちゃんこ屋に某マネージャーさんと有名女優さんが来てくれたんだけど、また自社の若い子に手を付けてるって聞いた有名女優さんが社長に向かって「あんた、まだこんなことやってんのか！　ジジイ！」って言ったって。

森：「まだ」って（笑）。

二：○○○○辞めた子と飲んだことがあってゴシップとか色々訊いたんだけど、○○○○は五万しか給料貰えないんだって。

森：えー、マジっすか。

二：で、社長に抱かれたら十五万ぐらいになるんだって。

森：（笑）。

二：そこで五十とかいかないところがリアルだよね。

森：そうですね、確かに。で、その子が言っていたのは、「私たちの間ではテレビのプロデューサーとかと寝ることじゃなくて、所属事務所の幹部とかと寝ることを枕営業って言うんです」って。「推し」にしてもらうのが大事やって言ってましたけどね。

二：前に番組の一日ロケでNと一緒だった時、ロケ車の後ろで、見た目がホストみたいなマネージャーとずっとキャッキャキャッキャやってたよ。

森：マジっすか。

二：乳繰り合ってはないけど、これタレントとマネージャーの距離感じゃねえだろって思ってた（笑）。

森：わんぱくやなぁ。

芸能界夜の噂

二：誰が盛んなの？　女性タレントは？

森：いやだからあの辺の売れてる女優とかはみんなやられてると思いますよ。女優Aだの…。

二：俺が一時期よく聞いたのは、アイドルO。

森：Oはよく聞きますね。一時期ホンマによく「もうすぐOとTのハメ撮り動画が世間に出る」って噂が流れてましたけどね（笑）。Oはスゴいって言いますよね。ほんっとに色んな人とヤッてると思いますあの人は。
二：Y売K人軍もいってるって聞いたよ、夜の街で。
森：マジすか。俳優Mとかもイッてんちゃうかな。俳優Iと若手の俳優が打ち上げの最中、Iがずーっと携帯いじってるんですって。打ち上げ終わってタクシー乗り場に向かう最中もずーっといじってるんですって。「ずっと携帯いじってますけど、何やってるんですか？」って訊いたら「今さ、女優Hの家に遊びに行ってもいいか、ずーっと交渉してんの」って。で、その後「あー、ダメだった。まあいいか、しょうがねえな、Oのとこ行くか」ってOのとこ行ったらしいです（笑）。同じマンションに住んでるらしくて。
二：へー。あと元国民的アイドルの●●が六本木のBって有名なキャバクラで普通に働いてたらしいからね。現役時代に。通ってた奴に聞いたら「客ともヤッてた」って（笑）。
森：ええなあ～！　何で客がヤレて俺らがヤレへんねんって話なのにな。
二：Iにもヤラレてるから。
森：ああそうなんすね（笑）。
二：3Pで。
森：（笑）。ええよなあ。それが芸能界やもんなあ。結局。あとはSとかっすよねぇ、同じグループの。あとIとK。
二：あとO。
森：うんうん。あとK。

♥本当にあるのか？ 芸能人デリヘル

森：芸能人デリヘルみたいなのもあるわけじゃないですか。
二：俺、そこはね、一回踏み込んだことがあるんだよ。
森：おっ！　マジすか。
二：知り合いの飲食店経営者と、お互いに何か情報を握ったら共有し合いましょうという約束をしてて。で、その人に情報が回って来たの。とある事務所のマネージャーさんが芸能事務所を辞めた後に、三行広告とかに出てるような会員制のデートクラブをやってて、そこに遊びに行かせてもらったら、ファイルに「芸能人コース～会費十万円」って書いてあって。本当は十万払わないと見せてもらえないファイルを特別に見せてもらったんだけど、見ても誰だかわからなくて。「○○○テレビ」を画面撮りしたやつで、その番組で3回ぐらいレポーターやったことがあるぐらいの子なのね。「このレベルがマックスか」と思って。で、その何年か後に恵比寿のバーみたいなところに行って。おっさんが眠そうにコーヒーとか淹れてくれて。で、アルバム見せられて。そこはデリヘルとかじゃないんだよ。「この子を紹介します」って言い方しかしないんだよ。「紹介だけはします」って。そこからウェスティンホテルとかも近いから食事の約束してもいいし、喫茶店行ってもいいし。「上の3人は芸能人です」って言うんだけど、ファイル見てもわかんないの。「本名で載ってます」って言うけど、写真見ても誰だかわからないし。で、さっき話した飲食店経営の人が、とうとう面接まで行けたって言うの。
森：ほぅー！
二：当クラブは女子大生がやってますって言うの。履歴書とか所得証明書を持って行かされるの。情報を漏らしたら即会員権を抹消しますって書いてあって。で、芸能人のリストを見せられたの。でも、結局その人も合格できなかった。何が基準に満たなかったのかもわからず。ちゃんとした飲食店の社長なのよ、何千万も持ってるし。で、リストが送られてきた中で唯一知ってた芸能人がKY。
森：あー！　はいはいはい。
二：リストの中に、俺の知ってる子がいて。その子、引退してるのにアメブロだけずっと続けてたから、おかしいなとは思ってたの。要は「ブログを更新し続けることによって今も『芸能人である』ということにして登録してんの（笑）。
森：セコいやり方っすね（笑）！
二：全部で8人ぐらい載ってたけど、他はわからなかった。
森：僕の先輩が、社長だらけの宴会の余興でネ夕やりに行った時に、割と盛り上がって気に入られて「お前、このあともここで飲んでけ！」ってなって、「特別に見せてやるよ」って芸能界デリヘルのリストがバン！　って出てきて、そこには名だたる芸能人が載ってるんですって。でも人数が多すぎて覚えきれないから一番上と一番下だけ覚えて帰って。一番下は「●●●●●五十万」、一番上は「●●●●一千万」だったそうです。

二：なんか〇〇〇がヤッてるってのは聞いたんだけど。それも審査があって、部屋も必ず高級ホテルのスイートルームを予約しなきゃいけなくて。ドア前まで行って、ノックして入って、迎えが来て。必要以上の接触はさせない。１回500万円。選ばれるのはだいたい地方の土建屋のおっさんとか、とっぽくない人っていうのは聞いた。

森：なるほど。あえてそういう人が選ばれるってことですね。口が堅そうってことかな？

二：逆にそういう人の方が周りに言いふらしそうだけど。

森：自慢したとしても嘘に聞こえるからかな。

二：「お前が〇〇〇とヤッてるわけねえだろ」って思われそうな人を（笑）。

森：よくよく訊いたらデートクラブらしくて。１回何百万みたいなコースはあるけど、SEXするしないも女の子の自由らしくて。とはいえ、するんでしょうけど。その話を聞いて俺が思ったのは、女優とかタレントとかが、よく社長と結婚するじゃないですか。それって、そこで知り合ってるんじゃないかなって。

二：そうじゃないと、「あの子、ついこの間までアイドルグループで活動してたのに、何でＩＴの社長と半年後に結婚してんだよ？」って。

森：そうなんすよね。●●●●●と●●社長なんて「どこで知り合うねん？」って話じゃないですか。厳しい審査をくぐり抜けて私まで辿り着いたお金持ちの人だということはわかっているわけじゃないですか。別にこの人とだったら良いかなって思ったら結婚するんでしょうね。

二：だからよく離婚もするんだろうな。社長の方も最初は見栄も張りたいし、「俺はこんな大女優と結婚したんだぜ」って自慢できるから結婚しちゃうけど、後になって他の奴ともやってたり、裏で継続してデートクラブ続けてるのがわかっちゃったりとか。「１回１０００万出す」となると２回で２０００万でしょ。いい小遣い稼ぎになるから、旦那に内緒で続けてるのがバレたりして離婚するんじゃないかなって。

森：そうですね。芸能人同士で結婚するって、相当な覚悟だと思いません？　●●●●と〇〇〇〇なんて、絶対お互いに周りの俳優とヤッてるって知ってるのに結婚してるから。相当肝が座ってるなと思いますけどね。みんなもしかしたら女優と結婚できるかも、みたいな夢を持ってこの世界に入るけど、この世界の実情を知ってしまったら絶対に芸能人とは結婚したくないですもんね（笑）。

アスリートは性欲が強い

二：〇〇〇ちゃんの噂は本当なのかな。

森：あれね、そうなんじゃないですか。

二：有名過ぎて、都市伝説みたいになってるけど。

森：確かにね。選手村で大人気だったとか。

二：大学時代もすごかったって同じ大学の奴が言ってたけど。六本木にあるカーテン仕切りのカラオケバーで知り合いが飲んでたら、ベロベロのSが乱入してきたらしくて。「間違えて入って来たのかな？」ってみんな思っていたけど、ソファーに割って入ってきて急にキスし始めて、おっぱい触ってきた奴のチンコしごき始めてフェラで抜いてたって。オリンピックアスリートが。

森：〇〇〇さんがでっかいパーティーに行った時、Sさんがパーッと来て「〇〇〇さんですよね？　この後空いてないですか⁉」って言ってきてすぐホテル行ったって（笑）。

二：ずっと肉体関係があったんでしょ？

森：言ってましたね。〇〇〇さんが撮影で使った嘘発見器をそのままSさんがいるホテルに持っていったんですって。「面白そうだからこれ使ってみません？」って。「すべて『いいえ』で答えてくださいね。僕とSEXしたいですか？」って言ったら「はい」って答えたらしいですから（笑）。「すべて『いいえ』で答えてください」って言ってんのに(笑)。女子アスリートはエロいんすよみんな。
二：賢そうに見えてバカなのかな。ある選手チームも海外遠征の車の中でなぞなぞやろうぜ！ってなって最初の奴が「じゃあ行くぞ、なぞなぞの『ぞ』！」って言ったって、それしりとりだろ。色んな部分で抜き出てんのかな？
森：アスリートは底抜けにエロいんじゃないですか。女子は特に。性欲めっちゃ強いって聞きますよ。
二：ワールドワイドにいってるからかな。フィギュアとか。外人のコーチとのSEXも当たり前だって言うもんね。
森：本当にそうやって言いますよね。〇〇ちゃんが一時期スランプに陥ったのもSEXにハマったのが原因だって言いますもんね（笑）。
二：「週1回しかオナニーしないんすよ」って言ってる奴より「毎日7、8回オナニーするんすよ」って言ってる若者のほうがメダル獲りそうだもん。
森：確かにね。俺がオリンピックの選手と飲んだ時に聞いたのは、アスリート専用のトレーニング施設の話。その中にリハビリ施設もあって、寝泊まりしながらリハビリするらしいんですけど、そこに●●●●、今某クラブチームにいるめちゃめちゃ男前な選手がリハビリ施設に入ってきたら、急に女子アスリートも怪我しだすんですって（笑）。そこでいろんなことが行われるっていう（笑）。

♥もうすぐ逮捕されそうな芸能人

二：春ぐらいに捕まりそうな人いる？
森：女性タレントのTがやられるんじゃないかって言われてますね。
二：この間「東スポ」にも元国民的アイドルって出てた。
森：そうそうそう。それTらしいっす。
二：馬鹿な奴は「『東スポ』だから嘘だろ」とか言ってるけど、意外と「東スポ」が一番当ててんだよ。
森：あとは「実話ナックルズ」とか。
二：ASKAの時も「東スポ」は早かった。
森：そうなんすよね。今、警視庁と麻取の関係性的に言えば、この間の沢尻を捕まえたのは警視庁ですよね。麻取じゃないですよね？
二：そうそう。
森：これって麻取からしたら大失態やから、「自分たちもなんとかせな」ってなっていると思うんですよね。清原捕まえたのも警視庁なんですよ。その後、麻取が「なんとかせな」って捕まえたのが高知東生なんですよね。だから今回も一個格下の奴が捕まると思ってます（笑）。今度は麻取が捕まえるんやと思います。
二：ふーん。
森：でも…やっぱりそろそろ…T（男性タレント）じゃないですか？ ずーっと言われてて、まだ捕まってないですもん。あとよく言われるのが俳優Eっすよね。Eはキャスティング会議でもよく名前出るけど、ちょっとやめときましょうかってなることが多いらしいですね。
二：じゃあTにしとこうかとりあえず。
森：捕まらんかなぁ（笑）。でも、まぁ何とかするんでしょうね。
二：ありがとうございました。
森：いえいえ。

森田哲矢
（もりた・てつや）1981年、大阪府堺市出身。モルック日本代表。大のゴシップ好き。2008年にお笑いコンビ・さらば青春の光を結成。M-1グランプリ、キングオブコントともに決勝進出を果たす。所属するザ・森東は森田が社長。個人事務所ながらレギュラー番組を持ちバラエティー、映画、ドラマなどで活躍中。

0 Credit
ギャルズパニック
INSERT COIN
0%
貴方の念力で
隠れた部分を消してください
180
TIME

エロ本・クラウドファンディング コレクターズ・クレジット

ハチミツ二郎責任編集「エロ本」は2019年にクラウドファンディングを行いました。皆様のご支援を頂戴し、見事に目標金額である100万円をオーバーする金額で達成することができました。

東京ダイナマイト
ハチミツ二郎
責任編集！

エロ本
出版プロジェクト

東京キララ社

皆様有難うございました！

ひろくん
大井洋一
カイホヨシオ

cosplay koechan
Seiichi Satoh
小栗旬筋太郎
増田悠輔
FANZAニュース編集部
大倉野のりゆき
渡邉敬久税理士事務所

ドン・タッカー
ゴンザレスいけぽん
ずかもと
長壁貴臣
久保光由
水口健司

MUNE47
Showhey
後藤修
ザ・レスラー
リコピン
電コ

エロ本の危機を救ったコレクター様
本当にありがとうございました！

2019年11月25日、我々は共に
伝説を作り上げた…。

888 Credit
ギャルズパニック
Push Start
43%
92
TIME

エロ本・クラウドファンディング
コレクターズ・クレジット

エロ本 出版プロジェクト

東京キララ社

皆様有難うございました!

ハチミツ二郎責任編集「エロ本」は２０１９年にクラウドファンディングを行いました。
皆様のご支援を頂戴し、見事に目標金額である１００万円をオーバーする金額で達成することができました。

コレクター
111人
現在までに集まった金額
1,044,019円
残り日数
0日
FUNDED
このプロジェクトは、目標金額1,000,000円を達成し、2019年11月25日23:59に終了しました。

2019年11月25日、我々は共に
伝説を作り上げた…。

gorineetan
UZ
赤池洋文
Hidemitsu Higuchi
mamekings
kakateeeee
かんど
てるてる坊主
ジェリーFA
ニシコー
畠 健人
Xasso
ルネ・ヴァン・ダール・マツイ
イノウエアツシ
さるぼぼ野郎
タグチコ
ikaremix
かたゆう
芝居屋・劇団羊のしっぽ
八転☆湯太郎
ヨシダマナブ
THE K'Z CROWNS
HASEGAWA masaki
伊丹三十四
高橋創
阿部猛

エロ本の危機を救ったコレクター様
本当にありがとうございました!

888 Credit
ギャルズパニック
GALS PANIC
Push Start
100% Excellent
SHOW TIME
正解はヴァレンタリッチでした
アナタの負け
0
TIME

編集長・ハチミツ二郎からのお知らせ

急募

WHO'S NEXT?

ハチミツ二郎責任編集

『エロ本』

では広く門戸を開き
新たなる参加者を

募集

しています。

YOU'RE NEXT!

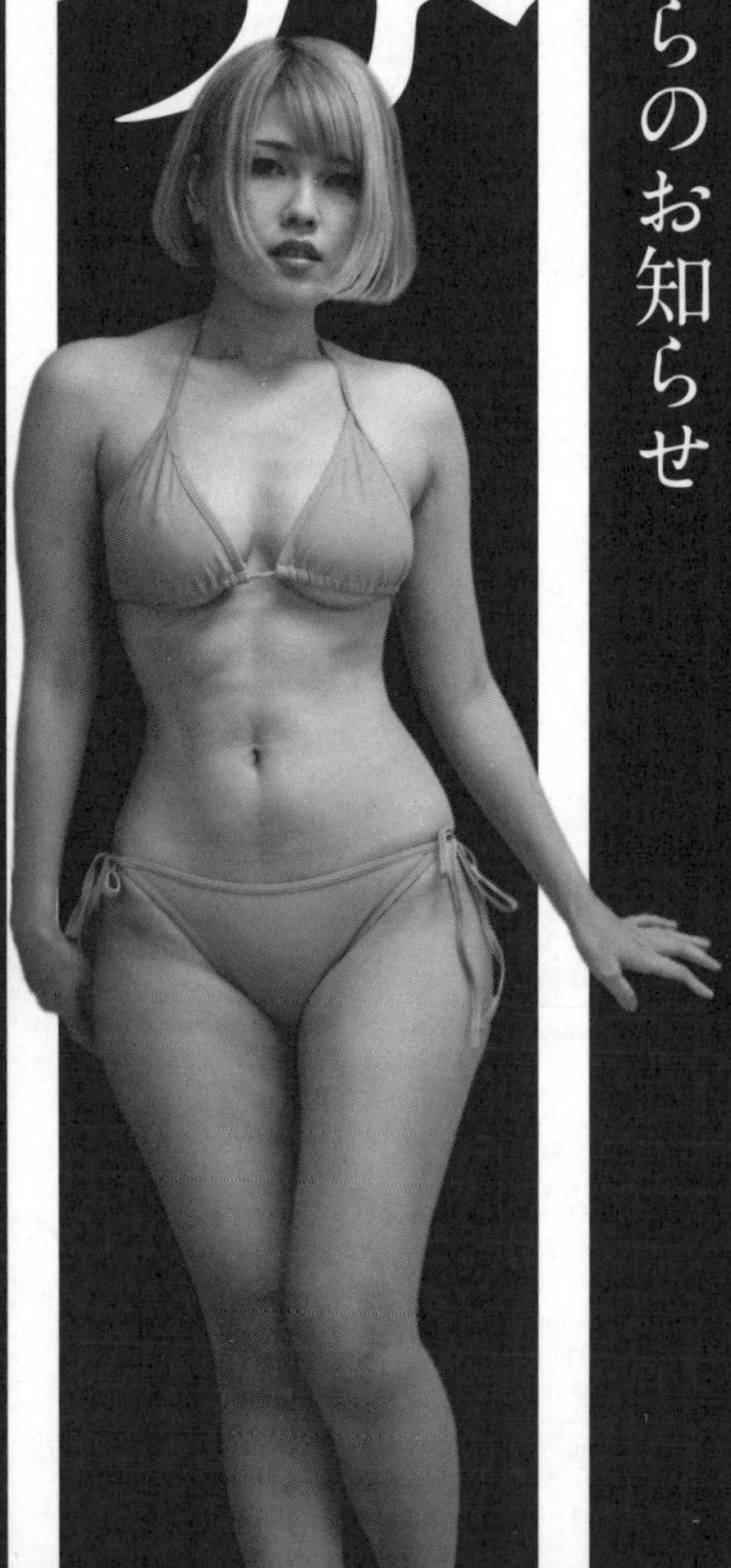

外に出よう。
人と出逢おう。
お互いに家から出なかったら、オレと君が出逢うことはない。
もしどこかの街でオレと君が遭ったらバ〜ミヤンに行こう。
バ〜ミヤン奢ってあげられるくらいの金は財布の中に入ってる。
外に出て、人と話そう。
トモダチも知り合いもいないなら、誰かと話せる店に行こう。
人と話せる店に通う。気が合えばデートに誘ってみればいい。
きっと、その子は君の誘いに乗ってこないだろう。
だけどやめたら終わりだ。
部屋に篭らず、また外に出よう。
この本に出てくれた人たちは皆んな言ってた。
好きなことをする。
オレだって15で岡山から単身上京してきた時はトモダチも知り合いも
ひとりもいなかった。
東京で高校に行って、東京で芸人になって、仲間がたくさん出来た。

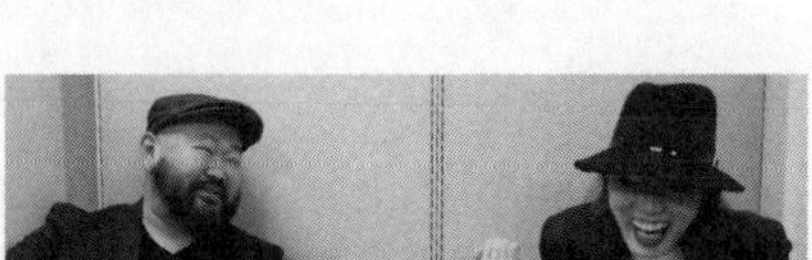

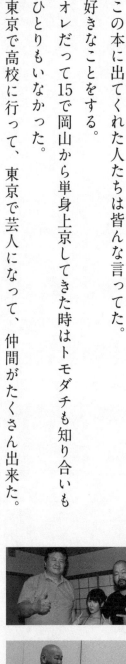

トモダチがたくさん出来た。

もしかしたら仲間は１人もいないのかも知れない。

トモダチは１人もいないのかも知れない。

だけどオレは女を抱いてきた。 金星金星大金星、 首投げの連続の日々だった。 もしかしたら投げられていたのはオレの方かもしれない。

その波は自分で波を見つけた。

いい波乗ってるね。 なんて言われてた。

女はいいぞ。

君がどうしようもない孤独の中にいても、 悲しみの中にいても、 疎外感を感じていても、
童貞のまま死ぬなよ。

童貞のまま死んではいけない。

童貞のまま死ぬな！

童貞のまま死んだらダメだ。

エロ本を置いて町に出よう。

ハチミツ二郎

ダルトの殿堂・芳賀書店が企画開発した新アダルトグッズ「Zohwa」とは!?

取材・文／神崎茜

読者プレゼントコーナー
present

いまや男女の秘め事には欠かすことができない存在となっている「大人のおもちゃ」。私、神崎茜も気づけばピンクローターや電マなしでは満足できない体になってしまいました(恥)。しかし、芳賀書店三代目当主でありセックスセラピストでもある芳賀英紀さんによれば、「性的快楽の過剰なデジタル化はセックスから本当の豊かさを奪いかねない」のだとか。そんな芳賀さんが監修のアナログな大人のおもちゃ「Zohwa」とは!?: 直撃インタビューしました!

―はじめまして! いきなりですが、芳賀さん、なんだかすごいオーラ出てます! 目力がすごい!

芳賀　**はじめまして。オーラや目力についてはよく言われますよ。ただ、セックスにおいて目の力はとても大事ですからね(笑)。**

―はわわ、く、口説かれてるのかしら? (勘違い) 今日はそんな芳賀さんにお話を伺いに生まれて初めて芳賀書店に来ました! なんでも近日、芳賀書店が開発制作した大人のおもちゃが発売になるのだとか。なんで販売店である芳賀書店さんがメーカーとして商品を発表されたのでしょう?

芳賀　[illegible]

いますから、各メーカー各商品の売り上げ実績、あるいはお客さんのダイレクトな反応などまで含めて、膨大なデータの蓄積があるんです。そうしたデータを、アダルトカルチャーを盛り上げていくために活用したいと前から考えていて、今回はその第一弾なんです。

―なるほどぉ! これが今回発売される「Zohwa」ですね。指に嵌めて使うんですよね? 先端が習字の筆みたいになってる。

芳賀　**ある老舗の筆メーカーと共同制作しました。私は日本の職人技術にずっと関心があり、今回はとことんこだわらせてもらいました。**

―商品制作にあたってのコンセプトは?

芳賀　**私はずっと日本のアダルト業界は一度、原点に立ち返る必要があると感じているんです。そこで今回、参照したのは葛飾北斎の「蛸と海女」です。あの春画にも表れているように、女性を悦ばせるためには手足が2本ずつってすごく少ない。だから、10本の指をうまく使用することを考えたんです。**

―なるほど! 指にZohwaを装着することで複数ポイントを同時に刺激できるというわけですね。

芳賀　**はい。今回はアナログであることにこだわりました。アダルトグッズはどんどんデジタル化していますが、それって充電が必要だったり、音が大きかったり、本来のセックスに必要ではない部分も多いでしょう? デジタルを十分に知った上で、改めてアナログに特化してみたかったんです。**

―たしかに私自身、すっかりデジタルな快楽にハマっちゃってます…。

芳賀　**私はセックスセラピストとして、いろんな方の性のお悩みを聞いてきましたが、電マとかに慣れ** [illegible]

話をよく耳にします。本来、オーガスムは脳の話なので、強い刺激がなければイケないという話には、寂しさを感じます。だから、「Zohwa」を通じて、もっと優しいアナログな刺激でもオーガスムに至れる、ということを伝えたいんです。

―どのように使うのがいいとかありますか?

芳賀　**推奨は、筆先を人肌くらいのぬるま湯に濡らして使うことです。今回、3本セットで発売するのですが、それを親指、人差し指、中指などにセットして、背中や脇腹、首筋、耳などのくすぐって気持ちいい場所に這わせることで、あたかも3つの舌に同時に愛撫されてるような感覚を与えられるはずです。なんなら今、試してみましょうか?**

―い、いえいえっ! そんなの恐れ多いですぅ〜! (赤面)

芳賀　**冗談です(笑)。まあ、女性は妄想力が高いですから、「Zohwa」によって妄想と体感をよりリアルに繋げられるようになると思います。男性でも、痴女に襲われる妄想をしながら使用してみてもいいでしょう。僕は人間は誰しもどこかで変態だと思っているんです。「Zohwa」はそれぞれの変態性に応じて、正しく変態になることを楽しめるグッズなんです。**

―私も優しい刺激でイケる「変態」になれるように頑張ります(笑)! 今日は [illegible]

プレゼント応募

芳賀書店が企画開発した新商品「Zohwa」を抽選で 5 名様にプレゼントします。希望される方は、住所・氏名・年齢・職業・小誌の感想を明記の上、東京キララ社までご郵送ください(締め切り:2020 年 4 月 30 日消印有効)。なお、当選の発表は賞品の発送をもって代えさせて頂きます。

TOKYO DYNAMITE HACHIMITSU JIRO PRESENTS
ハチミツ二郎 責任編集
エロ本
EROHON

エ.ロ.本. オープニング・シリーズ ピロートーク

EROTIC MAGAZINE FEDERATION

ハチミツ二郎さんと初対面の挨拶をしてから1時間も経たずに二郎さん責任編集の「エロ本」を作ることが決まった。それからしばらくすると、コンビニからエロ本が消えるというニュースが飛び込んできた。僕は「ああ、そういうことか。だから僕らがエロ本を作るのか」と妙に合点がいった。

近頃の若者は「エロ本」を読んだことがないという。そりゃそうだ。ネットでアダルト動画が無制限に、しかも、無料で拝めてしまうのだから。だけど、それで良いのだろうか？「エロ本」はエロのためだけに存在するわけじゃない。僕らにとってのエロ本とは、知られざるカルチャーの窓口でもあった。

こうして新たなエロ本の刊行を迎えたことで、閉ざされかけたカルチャーの扉は開かれた。若者よ、エロを隠れ蓑にカルチャーを、もしくはカルチャーを隠れ蓑にエロを堪能してほしい。どちらもあなたの人生に必要なものとなることだろう。これから初めてエロ本を手にする若者も、僕らと同じように、童貞に悩むことも、エロ本の隠し場所に悩むこともあるだろう。時空を超え、世代を超えて、同じ悩みを共有しようじゃないか。エロ本は永久に不滅です！（中村）

私のエロ本との出会いは小学1年生。公園に落ちている雨に濡れたエロ本を拾ってきては当時住んでいた団地内の秘密基地どんぐりの木に登り、ドキドキしながら捲っていました。

初めて目にする母親以外の女性のおっぱいやお尻に興奮した事、「何でこの女の人たちは身体中に練乳塗ってんだろうね？　気持ち悪い～！」という会話を友達とした事、そのとき勃起していた事を強烈に憶えています。

因みにその2年後その公園で、年子の兄貴の同級生の○○君（ユンピョウ似色白ガチムチ眼鏡スポーツ刈り鳩胸内股オネエ言葉キレると手がつけられない）から何度も何度も執拗に性的な悪戯をされていました。気持ち悪いだけで一度も勃起しませんでした。全て実話です。続きはまた次号で。（梅田）

アメリカはニューオーリンズまでたまたまプロレスを観に行き、たまたまそこで二郎さんとご一緒した。その日に行われるWWEのRAWの前に、二郎さんおススメのイスラエル料理屋に向かう車の中で出版のお話に及んだ。その一つがこの本だ。だから「エロ本」はニューオーリンズ生まれなのだ。ニューオーリンズはジャズとエロ本を生み出した街となった。いつか一冊置きに行かなくちゃいけない。

クラウドファンディング最終日、高円寺でDJイベント中の中村さんとご一緒した。その場でコレクターになってくれる人も現れ、シティポップで踊りつつ皆で高まる機運を見守っていた。金額は終了時刻が近づくに連れ、あれよあれよと上がっていく。目標金額達成の瞬間、その場にいたイイ大人たち全員による「エ～ロ本！エ～ロ本！」の大コールに包まれ、何のイベントだか分からなくなった。（小峯）

エロ本 営業日誌

営業の道はケモノ道。消えつつある『エロ本』を改めて全国の皆様にお届けするにはどうしたら良いのか日々考えながら書店から書店へ彷徨い歩く。しかしながらどこかで誰かがこの『エロ本』を待っていてくれるはず。雲は焼け、道は渇こうとも、それを信じて今日も書店営業回ります。皆様の街に現れた際にはどうぞよろしくお願い致します。（特殊企画営業 小林）

編/集/後/記

今回、表紙用に大物セクシー女優、大物セクシータレントを起用するという案もあったが、途中から誌面に登場してくれたモデルの中から表紙を選ぼうと思った。杏ちゃむお前がMVPだ！表紙GETおめでとう！（編集長 ハチミツ二郎）

ハチミツ二郎責任編集エロ本 もくじ

ハチミツ二郎責任編集 エロ本 ERO HON Presented by Hachimitsu Jiro

発行日　2020年3月3日　第1版第1刷発行

責任編集　ハチミツ二郎

発行者　中村 保夫

発行所　東京キララ社

〒101-0051 東京都千代田区

神田神保町 2-20 暁ビル2階8号

電話　03-3233-2228

メール　info@tokyokirara.com

カバーデザイン　井上則人（井上則人デザイン事務所）

撮影　タイコウクニヨシ／宮木和佳子／ハチミツ二郎

編集　中村保夫／小峯庸尭／梅田嘉博

DTP　小峯庸尭／加藤有花

印刷・製本　中央精版印刷株式会社

ISBN 978-4-903883-51-9 C0076

2020 printed in japan